新版

個人技が飛躍的にUP!する

テニス体幹トレーニング

テニスプロコーチ＆トレーナー
井上正之 著

Introduction

テニスで勝つために必要な持久力と瞬発力をトレーニングで身につける

最高のパフォーマンスを発揮するための近道とは

　テニスを楽しむうえで必要となるのが持久力と瞬発力です。たとえ、どんなプレーレベルであっても、この両方を兼ね備えているプレーヤーの方が、高いパフォーマンスを発揮でき、よりテニスを楽しむことができます。

　どんなスポーツであっても、頭でイメージしたプレーを体で表現するためには、まず体を動ける状態にしておく必要があります。それが、より高いパフォーマンスの発揮につながるのです。そのために、有効なのが体幹トレーニングをはじめとした様々なトレーニングです。

　テニスの場合、ボールを打つ技術に重点が置かれてしまいがちです。しかし、ボールを打つ練習だけをしていても、頭で考えた通りに体が反応してくれなければ、どんなテクニックを身につけていても、それを発揮することはできません。自分のテクニックを最大限に発揮するためにも、体を動ける状態にしておくことが、技術の向上やテニスを楽しむための近道になるのです。

　コートに入って、いきなり試合を楽しむ人が多いことでしょう。しかし、その時間を少し削ってトレーニングをするだ

けで、今まで勝てなかった相手にも勝つことができるようになり、試合もさらに楽しくなることと思います。

ケガをしない体づくり＝動ける体づくり

　もう一つ重要なのが、ケガをしない体をつくっておくことです。部活などで真剣にテニスに取り組んでいるプレーヤーの中には、体のどこかに痛みがあったとしても、その痛みを抱えながら練習をしているケースも多く見られます。しかし、本当はそれ以前にケガをしない体をつくっておくことが大切なのです。ケガをしない体づくりをしておくことで、結果的に動ける体にもなるのです。

　ケガをした後にトレーニングを開始するケースも多く見られます。すると、競技に復帰した後に、ケガをする前よりいいパフォーマンスができるようになります。このように、もともとリハビリとして始めたトレーニングが、結果的にそのままテニスのパフォーマンスアップにつながるケースも多いのです。

トレーニングを通じて習得できる「体・心・技」

　トレーニングのもう一つの効果は、プロ、ジュニア、アマチュアなどのレベルを問わずに、試合に勝つためのメンタルが強化されることです。トレーニングを続けることで、「これだけ頑張ったんだから、もっといいプレーができるはずだ」という気持ちが、苦しい場面での粘りや踏ん張りにつながるのです。

　つまり、トレーニングを通じて、筋力のみならずメンタルの強化もすることができるのです。体を鍛えることで、自信がついて、技術もアップするメリットがあります。こんな理由から、「心・技・体」を転じて、「体→心→技」と考え、トレーニングに取り組むといいでしょう。

個人技が飛躍的にUP!する
テニス体幹トレーニング

CONTENTS

Introduction
テニスで勝つために
必要な持久力と瞬発力を
トレーニングで身につける ……… 2

本書の見方 ……… 10

PART 1
今までより体が動く! ショットが強くなる!
テニスパフォーマンスを高めるトレーニング ……… 11

- テニスに必要な筋肉を理解して体の使い方を覚える ……… 12
- ボールを打たずに強くなる唯一の方法がトレーニング ……… 14
- いつでもどこでもできるのが自重トレーニングのメリット ……… 16
- 傷害予防やケガの回復は原因を理解することが大切 ……… 18
- 練習の質を高めるためにも重要なウオーミングアップ ……… 20
  - ランニング ……… 21
    - ❶ジョグ（前後） ❷ジョグ（左右） ❸もも上げ
  - ダイナミックストレッチ ……… 22
    - ❹上肢のストレッチ① ❺上肢のストレッチ②
    - ❻上肢のストレッチ③ ❼股関節ストレッチ① ❽股関節ストレッチ②
  - ダッシュ ……… 24
    - ❾3歩ダッシュ ❿ダッシュ&ストップ

PART2
バランスを崩さず
四肢を動かす
ためのトレーニング ……… 25

テニスのプレー全般にかかわる基本的な筋力をつけておこう ……… 26

Training
① 腕立て伏せ ……… 28
② 片脚腕立て伏せ ……… 29
③ ツイストバランス ……… 30
④ 腹筋 ……… 31
⑤ クロス腹筋 ……… 32
⑥ Vシット ……… 33
⑦ ノーマルスクワット ……… 34
⑧ 腰わり ……… 35
⑨ サイドオープンランジ ……… 36
⑩ サイドランジ ……… 37
⑪ ツイストサイドオープンランジ ……… 38
⑫ フロントランジ&クイックリセット ……… 39
⑬ 骨盤スクワット&つま先立ち ……… 40
⑭ サイドジャンプ ……… 41
⑮ ダッシュ姿勢つま先立ちキープ ……… 42
⑯ ツイストストレッチ ……… 43
⑰ レッグサイドレイズ ……… 44
⑱ ボックスステップアップ ……… 45
⑲ ボックスサイドステップアップ ……… 46

PART3
どんなボールでも打ち負けない
力強いストロークが
身につくトレーニング ……… 47

スイングの安定は重心移動と安定した体幹がポイント ……… 48

CONTENTS

連続写真

基本のフォアハンドストローク …………………………… 50
　●高いボール　●低いボール

基本のバックハンドストローク（両手） …………… 52
　●前から見る
　●高いボール　●低いボール …………………………… 54

バックハンドストローク（片手） …………………… 54

基本動作の解析

Phase1　ターン〜踏み込み動作 ………………………… 56
Phase2　踏み込み動作〜インパクト …………………… 58
Phase3　インパクト〜フォロースルー ………………… 60

Training

① ストレートアームワイドオープン ……………………… 62
② ストレートアームクローズド …………………………… 63
③ ストレートアームバックスイング ……………………… 64
④ ローイングストレート …………………………………… 65
⑤ ローイングアップ ………………………………………… 66
⑥ ローイングダウン ………………………………………… 67
⑦ ツイストスイング ………………………………………… 68
⑧ クイックツイスト ………………………………………… 70
⑨ ジャンプ&ターンポーズ ………………………………… 71
⑩ サイドバック&前向きジャンプ ………………………… 72
⑪ 片脚スクワット …………………………………………… 76
⑫ サイドステップバランス ………………………………… 78
⑬ スプリットステップターン ……………………………… 80
⑭ スプリットステップターンボールスロー ……………… 82
⑮ スプリットステップターン〜踏み込み ………………… 84
⑯ スプリットステップターン〜踏み込みボールスロー … 86

Training MENU　トレーニングメニュー例

メニュー例❶　ストロークで振り遅れないためのトレーニング ………… 88
メニュー例❷　インパクトのブレをなくすためのトレーニング ………… 89
メニュー例❸　無駄のないシンプルなステップワークができるようになるトレーニング … 90
メニュー例❹　ラン&ストップからブレずに打てるようになるためのトレーニング ……… 90

PART4
確実にエースを取れる
サーブ&スマッシュを強化するトレーニング …… 91

ロスなく連動した動作が力強く安定したショットを生む …… 92

連続写真
フラットサーブ …… 94
　●前から見る
スライスサーブ …… 96
　●横から見る
スピンサーブ …… 96
　●横から見る
スマッシュ …… 98
　●野球の投球動作

基本動作の解析
Phase1　ラケットアップ …… 100
Phase2　ラケットアップ〜インパクト …… 102
Phase3　インパクト〜フォロースルー …… 104

Training
① アームサイドレイズ …… 106
② アームフロントレイズ …… 107
③ アームクロスアップ …… 108
④ スクワットダブルアームクロスアップ …… 110
⑤ トライセプスストレートアップ …… 112
⑥ プッシュアップローテーション …… 113
⑦ 背伸びバランス …… 114
⑧ 大きいボールスロー …… 115
⑨ 野球の投球動作の練習 …… 116

CONTENTS

⑩ ボールツイスト&ハイアップ …………………………… 118
⑪ オーバーヘッドスローイング …………………………… 120

Training MENU トレーニングメニュー例

メニュー例❶ 安定したサーブやスマッシュを打てるようになるトレーニング ………… 122
メニュー例❷ 柔らかいスイングで打点をとらえるためのトレーニング ………… 123
メニュー例❸ 下半身のパワーを効率よく腕に伝えるためのトレーニング ………… 124

PART5
ポイントにつながるパンチの効いた
正確なボレーを身につけるトレーニング ………… 125

反応速度を上げて素早くボレーポジションに入る ………… 126

連続写真
フォアハンドボレー ………………………………………… 128
　●前から見る
　●ハイボレー ………………………………………… 130
　●ハーフボレー
バックハンドボレー ………………………………………… 132
　●前から見る
　●ハイボレー ………………………………………… 134
　●体の正面のボレー（ボディー）

基本動作の解析

Phase1 待球姿勢〜スプリットステップ ………… 136
Phase2 ラケットバック〜インパクト ………… 138

Training
① リストリバースカール ……………………………………………… 140
② リストカール ……………………………………………………… 141
③ フロントランジ&アームローテーション ………………………… 142
④ リバースプッシュアップ ………………………………………… 144
⑤ クロスランジステップ …………………………………………… 145
⑥ オープンランジ …………………………………………………… 146
⑦ スプリットステップ&バランス ………………………………… 147
⑧ クイックステップ&ローボレーポーズ ………………………… 148

Training MENU トレーニングメニュー例

メニュー例❶ どんな打球にも素早く反応するためのトレーニング ……………… 150
メニュー例❷ ローボレーでの低い姿勢を素早くつくるためのトレーニング …… 151
メニュー例❸ 全身を使ったボレーが打てるようになるトレーニング ………… 152

PART6
どんなボールにも対応できる
フットワークを身につけるトレーニング ……………………… 153

ボールを打つ場所まで素早く最短距離で移動して準備する …………… 154

連続写真
右に移動してフォアハンドでストレートに打つ ……………………… 156
右に移動してフォアハンドでクロスに打つ ………………………… 156
左に回り込んでフォアハンドでストレートに打つ ………………… 158
左に回り込んでフォアハンドでワイド（逆クロス）に打つ ………… 158
左に移動してバックハンドでストレートに打つ …………………… 160
左に移動してバックハンドでクロスに打つ ………………………… 160

基本動作の解析
スプリットステップからのフットワーク ……………………………… 162

CONTENTS

Training
① クロスオーバーステップ（3ステップ） ……………………… 164
② クロスオーバーステップ ……………………………………… 166
③ クロスオーバーステップ（ラケットあり） …………………… 168
④ 軸足ステップ（ボールスロー） ………………………………… 170

著者プロフィール／おわりに …………………………………… 174

本書の見方

①基本技術の解説ページ

本章で習得を目指す技術やトレーニングで身につく能力などを紹介

本書では、ストローク、サーブ＆スマッシュ、ボレー、フットワークのパフォーマンスの向上に必要なトレーニングを解説しています。まず、目標とする動きのポイントを正しく理解し、その動作に使われる筋肉や体の使い方をイメージしながらトレーニングすることが大切です。

④トレーニング解説ページ

コートで行なうトレーニングを紹介。やり方や注意点を解説

このトレーニングで主に鍛えられる部位や能力

トレーニング名

ここで紹介するトレーニングの反復回数、セット数

このトレーニングで目的としているプレーやトレーニングの注意点などを紹介

②技術紹介ページ

連続写真で対象となるプレーの動作をイメージする

③動作解析ページ

身につけたい動作を分解して、そのポイントを解説

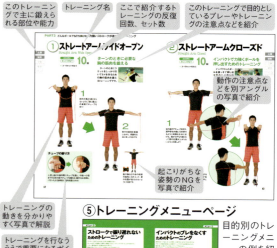

動作の注意点などを別アングルの写真で紹介

起こりがちな姿勢のNGを写真で紹介

トレーニングの動きを分かりやすく写真で解説

トレーニングを行なううえで重要になるポイントなどを解説

⑤トレーニングメニューページ

目的別のトレーニングメニューの例を紹介。回数やセット数は自分の体力に合わせて調整しよう

PART 1

今までより**体が動く**！ショットが**強くなる**！
テニスパフォーマンス
を高めるトレーニング

PART1 今までより体が動く！ ショットが強くなる！ テニスパフォーマンスを高めるトレーニング

テニスに必要な筋肉を理解して体の使い方を覚える

単に体を鍛えるだけでなく、トレーニングを通じてテニスの動きに必要な筋肉の使い方を覚え、そのうえで強化することがパフォーマンスの向上に直結する。

テニスの動きをイメージしながらトレーニングする

「テニスのプレーにつながるトレーニングとは？」と聞かれたときに、実際に何をしたらいいかイメージできない人も多いことでしょう。実際に、テニスに特化したトレーニングを見かけることはあまりないはずです。

トッププロが実践しているトレーニングも、見た目は一般的な筋力トレーニングと変わらないものがほとんどです。しかし、トッププロでも、それらのトレーニングにただ漫然と取り組んでいても、テニスがうまくなることはありません。ただ体を鍛えるのではなく、トレーニング動作を行なう際、テニスの動きをイメージしながら体を動かすことで、鍛えた部分がプレーに直結するようになるのです。

トレーニングを通じて、実際のプレーに動員される筋肉を理解し、その筋肉を使うことに慣れてくると、正しい体の動かし方が分かるようになります。この意識を持つことで、それまで単なる筋力アップとしか考えていなかったトレーニングを、テニスに特化したトレーニ

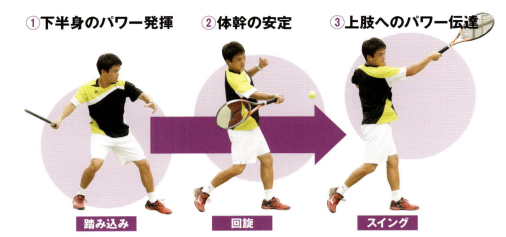

① **下半身のパワー発揮**　② **体幹の安定**　③ **上肢へのパワー伝達**

踏み込み　回旋　スイング

ングに変えることができるのです。

下半身→体幹→上肢の順に効率よくパワーを伝達する

テニスの動きを考えたときに、まず重要になるのが下半身です。脚が動かなければコートを自由に走り回ることができません。また、ストローク動作を考えたときも、まず下半身に重心が乗り、地面を踏ん張ることでパワーが生まれ、そのパワーを上半身に伝えることで、力強いショットが実現します。

このとき、下半身のパワーを上肢に伝える部分が「体幹」です。下半身の安定→体幹へのパワー伝達（体幹の安定）→上肢へのパワー伝達、これが全身の連動した動きです。つまり、下半身と上半身の動きの連動性を生み出すのが体幹の役割です。

体幹からパワーを発揮すると勘違いしている人も多いようですが、パワーを発揮するのは下半身です。このとき、上半身は脱力し、下半身と上半身をつなぐ体幹は安定させておくのが基本です。

もし、体幹のタメがなくなって、下半身からのパワーがそのまま上半身に伝達されたり、上半身だけでパワーを発揮しようとすると、力が入り過ぎたガチガチの動きになってしまいます。上半身の動きが先行したり、上半身が前に突っ込んでしまったりする人は、無駄なパワーを使っていることになります。

テニスで理想とされるのは、最小限の力で、最大限のパワーをボールに伝えることです。テニスでは筋力の強い男性や体の大きい人が一概に優位なわけでなく、体を上手に使いこなせる人にアドバンテージがあります。これが、長時間にわたるテニスの試合が可能になる理由です。

また、テニスでは「筋力」と「柔軟性」が重要です。ただ強いだけでも、ただ柔らかいだけでもいけません。これらのバランスを取って、力を柔らかくボールに伝えることが大切です。このとき、重要な役割を果たすのが体幹です。

PART1 今までより体が動く！ショットが強くなる！ テニスパフォーマンスを高めるトレーニング

ボールを打たずに強くなる唯一の方法がトレーニング

テクニックを磨くにはコートで長い時間を費やさなければならないが、どこでもできるのがトレーニングのメリット。コートの外でライバルに差をつけよう。

「情報を得る→準備→打つ」のスピードを速くする

テニスでは、瞬時にボールを見極めて、いかに素早く1歩目を踏み出すかが重要です。トッププロのプレーを見ていると、相手が打った瞬間にコースを見極めて反応していることが分かります。一方、アマチュアプレーヤーの場合、ボールがネットを越えてバウンドしてから反応する人が多く見られます。

素早く反応するために必要なのは、まず、目と耳からたくさんの情報を取り入れることです。次に、その情報を基にいち早く体を反応させることです。

しかし、情報を通じてある程度の予測はできても、実際にボールはどこに来るか分かりません。だから、どこに打たれても素早く反応するための準備が必要になります。

例えば、右だけに速く動けても意味がありません。四方八方と上下に素早く反応するための筋力が必要になります。そのためには、日ごろの練習においても、前に向かうダッシュをするだけでは不十分です。どの方向にも動けるように、普段から練習して、その動きに必要な筋肉を鍛えておくことが大切です。

テニスでは、ボールに素早く反応して動いたところから、止まって打つのが基本です。ただ動きが速いだけではダメなのがテニスの難しいところです。上級者を見ていると、下半身だけで動き出

打つ ← 準備 ← 反応 ← 情報の取得

すのではなく、必ず上半身が反応しているのが分かります。止まってから上半身の準備を開始するのでは遅いのです。

また、ギリギリのタイミングで打点に入って打つのでなく、より素早く移動して、ボールを待って打つことがより確実なショットにつながります。ボールを打つのに適した場所に早く移動するためには、動くスピードだけではなく、目的の場所で止まるための能力も不可欠となります。

技術習得は時間がかかるがトレーニングは効果が早い

「情報を得る→準備→打つ」という行程を考えると、ボールを打たなくても、トレーニングによっていくらでもテニスの練習は可能です。逆に言えば、「相手がいなくても強くなる」唯一の方法がトレーニングなのです。

テニスの技術はある程度、順番を追っていかなければ身につけることができません。その分、技術を習得するためには時間もかかります。しかし、テクニックで相手に勝つのは難しくても、動きで相手に勝てば試合に勝つことは可能です。

トレーニングは、年齢や性別に関係なく、いつからでも始められます。テニスのレベルに関係なく、トレーニングをすることで、今まで勝てなかった相手にも勝つことができるのです。

例えば、今まで週に3日テニスをしていた人は、そのうち1日をトレーニングに費やすことで、今までよりいいテニスができるようになるはずです。もしくは、時間が許すのであれば、今までの練習に加えてトレーニングをすることで、さらに高い効果が期待できます。

そして、プレーの中でトレーニング効果を実感できれば、さらに練習に対するモチベーションも高まることでしょう。

PART1　今までより体が動く！ショットが強くなる！テニスパフォーマンスを高めるトレーニング

いつでもどこでもできるのが自重トレーニングのメリット

本書で紹介するトレーニングのほとんどがいつでもどこでもできる自重系トレーニング。疲れが残らないトレーニングを習慣化することで、さらにテニスが楽しくなる。

自重トレーニング　VS　ウエイトトレーニング

自重トレーニング	ウエイトトレーニング
目的 自分の体重をよりスムーズにコントロールできるようにする	**目的** 大きな筋肉をつけて強靭な肉体をつくり上げる
負荷 自分の体重やその反動	**負荷** 自分の体重やその反動以外にバーベルやダンベルなどのフリーウエイトやマシンなどを使用して負荷を高める
頻度 筋肉に大きなダメージを与えないため毎日でもできる	**頻度** 筋肉に大きなダメージを与えて筋肥大させることを目的としているため、トレーニング後に2日程度の休養期間を必要とする

自重トレーニングであれば疲労を気にせず毎日できる

　トレーニングを行なうためには、コートもジムもコーチも不要です。いつでもどこでも誰でもできるのがトレーニングの最大のメリットです。実際に、世界のトッププロを見ていると、旅行先や試合の直前にもトレーニングを行なっています。

　トレーニングを行なうときに、トレーニングによる疲労が気になる人もいることでしょう。しかし、本書で紹介しているのは、大きな筋肉をつけるための器具を使ったウエイトトレーニングではありません。

　自分の体を思い通りにコントロールすることを目的とした、自重を使ったトレーニングなので、体にかかる負荷もそれほど大きくありません。筋肉が受けるダメージもそれほど大きくないため、毎日行なってもオーバーワークの心配はありません。

　トレーニングを行なうタイミングは、やりたいときにやって、疲れたらやめても構いません。また、テニスの練習の前後にやるのもいいでしょう。

　本書では、数多くのトレーニングを紹介していますが、実際に行なう種目も、目的やコンディションに合わせて、必要

トレーニングの習慣化によって生まれる技術習得のグッドサイクル

トレーニングの習慣化

トレーニングによる体力や運動能力の向上

高い技術の習得

練習の質が高まることで習得できる技術の幅が広がる

練習の質の向上

体力がつくことでより強度な練習をすることができる

なものだけやればOKです。

　回数やセット数に関しても、本書で紹介しているのはあくまでも目安です。推奨する回数やセット数をやってみて、物足りないようであれば回数を増やしたり、疲れているときは少なめに行なうようにしたりしましょう。長続きさせるためには、その日の体調や疲労度に合わせて、強度や回数を自分でアレンジしながら行なうことが大切です。

習慣化することで効率的よくトレーニング効果を得る

　最も効率よくトレーニング効果を得るためには、トレーニングを生活の一部として日ごろから習慣化しておくことが大切です。

　よく試合前になるとトレーニングをやめてしまう人を見かけます。しかし、試合に出るからといってトレーニングのルーティンを崩さないことが大切です。試合期間だからといってトレーニングを控えてしまうと、その効果も薄れてしまいます。

　世界のトッププロは、たとえ試合期間中であっても、試合前でも普段から行なっているトレーニングを欠かさずにやっています。トップ選手がどんな舞台においても最高のパフォーマンスを出せる理由はここにあります。

トレーニングをすることが技術の習得にもつながる

　日ごろから鍛えているトップ選手であっても、つねにトレーニングを欠かさないということは、日常的に体を動かす機会の少ないアマチュアプレーヤーが行なえば、その効果は一目瞭然です。

　トレーニングを習慣化して、つねに体を動ける状態にしておくことで、今までより1ランク上のテニスの練習に耐えることのできる体ができ上がります。

　日々のトレーニングを通じて、より質の高い練習ができるようになることは、高い技術を習得するための近道でもあるのです。

PART1 今までより体が動く！ショットが強くなる！テニスパフォーマンスを高めるトレーニング

傷害予防やケガの回復は
原因を理解することが大切

スポーツにケガはつきもの。とはいえ、すべてのケガには原因がある。ケガの原因を取り除くことが最大のケガ予防になると同時に再発防止の特効薬となる。

筋力不足から起こる
フォームの乱れに注意する

　一般的にテニスのケガは、ひじ、肩、手首などの上半身に多いと思われています。しかし、実際は、足首、ひざ、腰、腹筋などを傷めるケースも非常に多く見られます。

　テニスのケガの原因は、「筋力不足のケガ」と「筋力はあるが体の使い方によるケガ」の2つのタイプに大きく分けることができます。とくに、オーバーワークの中で起こりやすいのは、後者の方になります。

　ケガ予防を考えたときに、もし筋力が不足しているのであれば、弱い部分を強化することが大切です。

　例えば、ダッシュした後、思った場所で止まれない、ボールを打った後に体の軸がブレたり体が流れてしまう、などの悩みがある人は、下半身や体幹の筋力不足が原因となっていることがほと

テニスのケガの主な原因
❶ 筋力不足

自分の体重をコントロールできなかったり、インパクトの衝撃に負けてしまう

解決方法
筋力の弱い部分を鍛えると同時に、柔軟性を高める

❷ 体の使い方

筋力はあるが、体の使い方が悪いことで疲労からケガが起こる

解決方法
各部位の動きを連動させて、どこか一部に負荷がかからないようにする。柔軟性がない場合は高める

んどです。

　また、ラケットから伝わる振動は想像以上に大きいものです。不足している筋力を腕の振りやラケットコントロールで何とかしようとすると、インパクトの衝撃が関節や筋肉に直接伝わることでケガが起こります。

力の伝達が悪いと疲労からのケガが起こりやすくなる

　筋力はあるが、体の使い方やパワーの伝え方が悪い人は、見るからに動きがゴツゴツしているものです。一般的にパワーを優先すると動きに柔軟性がなくなります。柔軟性がないために、上半身と下半身の動作の連動性がなくなり、結果的に上半身だけのスイングになってしまうのです。

　また、つねに力に頼って力みがちになるため、小さなパワーで効率よくプレーできません。その結果、疲労も早まります。疲れるわりにパワーが生かせていないと感じる人は、このタイプに当てはまります。

　とくに体幹を傷める人は、体幹が強いケースが多く見られます。体幹が強いゆえに、体幹からパワーを発揮しようとした結果、そこに力が集中してケガをしてしまうのです。

　これらのケースでは、傷めた部分を鍛えるのではなく、体の使い方を覚えることが先決です。多くの場合、傷めた部分以外の筋肉の使い方に問題があります。傷めた場所や傷めたくない場所をさらに鍛えるのではなく、その動作に必要なのに今まで使えていなかった筋肉を鍛えることで、傷めた部位にかかっていた負担を軽減することが大切です。

　病院や治療院などの指導で、ひじを傷めたらひじの動きに関連する筋肉を鍛えるなどというケースを多く見かけます。しかし、本来はその動きにかかわる別の部位の筋肉を鍛え、局所は回復させる程度でいいのです。

　例えば、今まで胸の筋肉が使えていなかったのであれば、ひじのストレスを軽減するために胸の筋肉を鍛えたり、エクササイズを通じて胸の筋肉の使い方を覚えることが、ひじのケガの再発予防につながるのです。

　このように、ケガの原因を取り除かない限り、ケガの再発や悪化につながることもあるので注意しましょう。

PART1 今までより体が動く！ショットが強くなる！ テニスパフォーマンスを高めるトレーニング

練習の質を高めるためにも重要なウオーミングアップ

ウオーミングアップをすることは、ケガの予防になるのはもちろん、最初から質の高い練習ができるため、技術習得の面でも大きな役割を果たす。

テニスコートに入って、いきなりボールを打ち始める人も多いことでしょう。しかし、よりよいパフォーマンスを発揮するためには、まず体を動ける状態にしてからボールを打つことが大切です。

そのためにも、コートに着いたら、まず軽いウオーミングアップをすることが大切です。

軽いランニングやストレッチを行なうことで、股関節や肩甲骨まわりの動きがよくなり、プレーの質が高まります。

最初からパフォーマンスの高い練習ができることは、技術の向上にもつながります。

トッププロの多くは、試合前でもボールを打つ前に、ウオーミングアップに加えて、いつも行なっているトレーニングをしています。このような習慣こそが、彼らの意識の高さであり、観客を魅了する高いパフォーマンスの原点となっているのです。

ランニング

❶ ジョグ（前後）

ハーフコートを使った軽いジョギング。ベースラインからネットまで走ったら、後ろ向きでベースラインに戻る

❷ ジョグ（左右）

ベースラインを左右にサイドステップで往復する

❸ もも上げ

ジョギングから少し強度を高め、もも上げでベースラインからネットまでを往復する

ダイナミックストレッチ

❹ 上肢のストレッチ①

軽いジョギングのリズムに合わせて、腕を左右に開閉するダイナミックストレッチ。肩甲骨の左右の動きを意識しながら、ベースラインからネットまでを往復する

❺ 上肢のストレッチ②

軽いジョギングのリズムに合わせて、腕を左右の斜め上下に開閉するダイナミックストレッチ。肩甲骨を斜め上と斜め下方向に動かしながら、ベースラインからネットまでを往復する

❻ 上肢のストレッチ③

ひじを肩の高さまで上げて、上腕を回旋させるダイナミックストレッチ。肩関節の動きをスムーズにするためのストレッチ

❼ 股関節ストレッチ①

足を左右に開いて腰を落とし、両ひざにひじを乗せた姿勢を10秒間キープする。股関節とお尻の筋肉の静的ストレッチ

❽ 股関節ストレッチ②

足を左右に開いて腰を落とし、背すじを伸ばした姿勢を10秒間キープする。股関節前面の筋肉の静的ストレッチ

ダッシュ

❾ 3歩ダッシュ

両足を左右に開いてベースラインに立ち、前傾姿勢から徐々に前に倒れ込み、足が1歩前に出たところからダッシュを開始し、3歩でトップスピードまで加速する

❿ ダッシュ&ストップ

ベースラインからダッシュしてサービスラインでストップする。トップスピードからできるだけ少ない歩数で止まることが大切

PART 2

バランスを崩さず
四肢を動かす
ためのトレーニング

PART2 バランスを崩さず 四肢を動かすためのトレーニング

テニスのプレー全般にかかわる基本的な筋力をつけておこう

バランスよく体を動かすために必要な筋力をつけておこう。基礎トレーニングを行なうときでも、つねにテニスの動作を意識して体を動かせば、効果がプレーに直結する。

ここでは、テニスのプレー全般に必要とされる筋力を向上させるためのトレーニングを紹介します。

テニスでは、相手の打球に素早く反応し、より早く打点に入って、正しくスイングすることが大切です。また、ボールを打った後にも、次のプレーにすぐに移るための準備をしなければなりません。

これらの動作を正確に行なうためには、自分の体重をしっかりコントロールしてバランスを崩さないことが大切です。

ここで重要なのが体幹と股関節です。どんな体勢でも、体幹が安定していれば、大きく姿勢が乱れることはありません。さらに、股関節の可動域を広げ、広い範囲でパワーを発揮できるようになれば、今までよりプレーの幅が広がります。下半身でパワーを発揮し、体幹を安定させ、柔らかく上肢を使うことが大切です。

トレーニングで得られる成果

① 一つ一つの動作にキレが出る
② ボールへの反応速度が速くなる
③ 悪い体勢からでも打てるようになる
④ 長時間プレーしても疲れにくくなる
⑤ ケガをしにくくなる

テニス動作の基本ポイント ①
ランニング動作から着地後のバランスを崩さない

テニスでは、片脚で動作を切り返す局面が非常に多いです。例えば、ボールに向かって移動したところから、スイングに移行する動作、スイングの踏み出し動作から、次のプレーの準備をするために元の姿勢に戻る動作などが挙げられます。

これらの場面において、正確に動作を切り返すためには、足が着地した瞬間に、片脚で自分の体重をしっかり支え、体が流れずに体幹が安定した姿勢を取れなければいけません。

ここで必要とされるのが、どんな体勢でも自分の体重を支えることができる下半身のパワーと、つねに上体を垂直に維持するために必要な体幹のパワーです。

さらに、下半身や体幹でパワーを発揮しながらも、上肢は柔らかく使わなければなりません。柔らかく腕を使うために必要なのは肩甲骨の動きです。腕でラケットを引くのでなく、肩甲骨の動きで腕全体を動かすイメージで、力まずに腕を動かしましょう。

テニス動作の基本ポイント ②
最小限の力で最大限のパワーを発揮する

テニスで大切なのは、効率のよい体の使い方です。できるだけ疲れずにボールに大きなパワーを伝えることが、長時間にわたるテニスの試合を制する秘訣です。

とくに足や腕などの末端の筋肉は、体幹近くの筋肉に比べて小さいため、大きな負荷がかかり続けるとすぐに疲れてしまいます。

動作の切り返しでの足の踏ん張りや、インパクトでボールから受ける衝撃などに、腕や足の筋力だけで対応していると、疲労が早いだけでなく、ケガのリスクも高くなります。また、プレーの精度においても、疲労に伴って安定感がなくなります。

トレーニングを通じて、テニスに必要な筋肉を強化すると同時に、プレーをイメージしながらそれらの筋肉を使うことで、正しい体の使い方を覚えましょう。

PART2 バランスを崩さず 四肢を動かすためのトレーニング

① 腕立て伏せ
Push-Up

上肢
体幹
下肢
複合
バランス

正しい姿勢で
ゆっくり行なう
10回
※ 3〜5セット行なう

スイングに必要な
胸と体幹の筋肉を鍛える

ストローク、サーブ、スマッシュなど、テニスのスイング全般に使われる胸と体幹の筋肉を鍛えておきましょう。

1
両手を肩幅程度に離して床につけ、体幹を一直線に保って体重を支える

2
体幹を一直線に保ったま ま、ゆっくりひじを曲げ、胸の筋肉を使って、ゆっくり元の姿勢に戻る

② 片脚腕立て伏せ
One Leg Push-Up

左右それぞれ
ゆっくり行なう

8回

※ 3～5セット行なう

どんな姿勢になったときでも体幹の軸がブレなくなる

片脚を浮かせることで体幹や胸にかかる負荷を高め、お尻や太もも裏側、体側部の筋肉を鍛えることができます。片脚立ちやダッシュ＆ストップ直後などの不安定な姿勢でも体幹の軸がブレなくなります。

上肢
体幹
下肢
複合
バランス

1
腕立て伏せの姿勢（28ページ参照）で片脚を伸ばしたまま床から浮かせる

2
最初の姿勢を保ったま、ゆっくりひじを曲げ、胸の筋肉を使って、ゆっくり元の姿勢に戻る

PART2　バランスを崩さず 四肢を動かすためのトレーニング

③ツイストバランス
Twist Balance

上肢
体幹
下肢
複合
バランス

左右それぞれ
ゆっくり行なう
5回
※ 3〜5セット行なう

体幹からの上肢の使い方がうまくなる

テニスのスイング動作全般に共通する体幹を安定させた状態で腕を動かせるようになるためのトレーニングです。

1 足を軽く開いた腕立て伏せの姿勢（28ページ参照）から片方の腕を伸ばしたまま胸の下に折り畳む

2 体を開きながら、腕が床に垂直になるところまで上げる

3 体幹の姿勢を維持したまま、腕と同じ側の脚を床と平行になるまで上げ、ゆっくり元の姿勢に戻る

④ 腹筋
Sit-Up

正しい姿勢で
ゆっくり行なう
10回
※ 3〜5セット行なう

上肢
体幹
下肢
複合
バランス

体幹強化のための基本トレーニング

　体幹部を正面から支える腹筋群を鍛える基本トレーニングです。シンプルな動作ですが、単に反復するだけでなく、プレー中に腹筋が使われる局面をイメージしながら行なうだけでも得られる効果が変わります。

1
床にあおむけに寝て、両ひざを立て、両手を頭の後方で組む

2
足を床から浮かせずに上体をゆっくり起こし、ゆっくり元の姿勢に戻る

PART2 バランスを崩さず 四肢を動かすためのトレーニング

⑤ クロス腹筋
Leg Straight Cross Crunch

上肢
体幹
下肢
複合
バランス

左右交互に
ゆっくり行なう
8回
※ 3～5セット行なう

体幹、上肢、下肢の連動性を高めるトレーニング

体側部、股関節、上肢を連動させて動かすトレーニングです。スイングの回転動作に必要な筋肉を鍛えておきましょう。

1 両手と両脚を広げた「大の字」の姿勢であおむけに寝る

2 左足と右手を高く上げ、おへそより胸に近い位置でつま先にタッチする

3 反対側でも同じことを行ない、1回とカウントする

⑥ Vシット
V-Sit

下半身や体幹でパワーを発揮しながら上肢を動かす

肩甲骨を動かしながら体幹や股関節の力を発揮できるようにするためのトレーニングです。下半身や体幹のパワーを上肢に伝える感覚を身につけましょう。

正しい姿勢で
ゆっくり行なう
6回
※ 3～5セット行なう

上肢
体幹
下肢
複合
バランス

1 あおむけに寝て、手のひらが上を向くようにバンザイの姿勢になる

2 両手の指先を足首に近づけるように両脚と上体を同時に浮かせ、ゆっくり元の姿勢に戻る

PART2 バランスを崩さず 四肢を動かすためのトレーニング

⑦ ノーマルスクワット
Normal Squat

上肢 / 体幹 / 下肢 / 複合 / バランス

正しい姿勢で / ゆっくり行なう

15回

※ 3〜5セット行なう

股関節まわりと下肢の裏側のトレーニング

日常あまり使われていない体の裏側の筋肉を鍛えるためのトレーニングです。太ももの裏側やお尻の筋肉を意識して行ないましょう。

横から見ると

腰を反らせてお尻を後方に突き出すように行なう

1 肩幅より少し広めのスタンスで真っすぐな姿勢で立つ

2 後方にお尻を突き出すイメージでゆっくりひざを曲げ、ゆっくり元の姿勢に戻る

⑧ 腰わり
Open Stance Squat

正しい姿勢で
ゆっくり行なう

4回

※ 3〜5セット行なう

上肢
体幹
下肢
複合
バランス

股関節まわりの筋肉の柔軟性と筋力を高める

股関節の可動域を広げて筋力を高めることで、よりスムーズな動作ができるようになると同時に素早い動きが可能になります。

1 広めのスタンスでつま先をできるだけ外側に向けて真っすぐな姿勢で立つ

2 お尻を垂直に下ろすように、5秒間かけてつま先方向にゆっくりひざを曲げ、さらに5秒間姿勢をキープ。5秒間かけてゆっくり元の姿勢に戻す

横から見ると

できるだけ背すじを垂直に保ちながら行なうことが大切

姿勢が難しい場合は壁を使って行なう

バランスが崩れてしまったり、姿勢をつくるのが難しい場合は、壁に寄りかかると簡単にできるようになる。かかとを壁につけ、背すじが壁から離れないようにひざの曲げ伸ばしを行なう

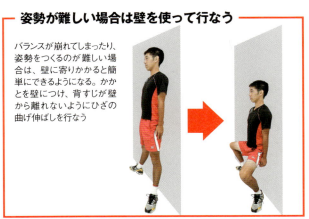

PART2 バランスを崩さず 四肢を動かすためのトレーニング

⑨ サイドオープンランジ
Side Open Lunge

左右交互に
ゆっくり行なう
10回
※ 3〜5セット行なう

広い可動域でパワーを発揮するためのトレーニング

股関節まわりの筋肉が伸びた状態でパワーを発揮するトレーニングです。より広い可動域でパワーを発揮できれば、より自在に体をコントロールできるようになります。

1 左右に脚を大きく開いて真っすぐな姿勢で立つ

2 上体を垂直に保ったまま、片方のひざをゆっくり曲げ、ゆっくり元の姿勢に戻る。反対側でも同じことを行ない、1回とカウントする

⑩ サイドランジ
Side Lunge

左右交互に
正しい姿勢で行なう
8回
※ 3～5セット行なう

上肢
体幹
下肢
複合
バランス

バランス維持に大切な
お尻の外側の筋肉を鍛える

走っているときなど、片脚立ちになったときにバランスを維持するために重要なのが、お尻の外側の筋肉（中殿筋）です。この筋肉を鍛えておくことで、よりスムーズな左右の動きができるようになります。

1 両脚をそろえて、真っすぐな姿勢で立つ

2 太ももが水平になるところまで片脚をゆっくり浮かせる

3 浮かせた脚をできるだけ遠くに横に踏み出すと同時にひざをゆっくり深く曲げ、元の姿勢に戻る。反対側でも同じことを行ない、1回とカウントする

PART2 バランスを崩さず 四肢を動かすためのトレーニング

⑪ ツイストサイドオープンランジ
Twist Side Open Lunge

左右交互に
ゆっくり行なう
10回
※ 3〜5セット行なう

素早いラケットの準備ができるようにしておこう

　左右に動きながら素早いラケットの準備ができるようになるためのトレーニングです。左右に脚を開いた姿勢での、上体をひねる動きをスムーズにできるようにしておくことで、ストロークやボレーの局面での振り遅れがなくなります。

1 左右に脚を大きく開いて真っすぐな姿勢で立つ

2 上体を垂直に保ったまま、上体をひねりながら腰を落とすように、ひざをゆっくり曲げ、ゆっくり元の姿勢に戻る。反対側でも同じことを行ない、1回とカウントする

⑫ フロントランジ&クイックリセット
Front Lunge & Quick Reset

左右交互に
素早く行なう

8回

※ 3〜5セット行なう

地面の反発力を使いこなせば素早い反応が可能になる

素早く打点に入ったり、打った後に素早く準備姿勢に戻るのがテニスの基本です。これらの動作に必要な筋肉群を鍛えて、素早い動作を身につけましょう。

上肢 / 体幹 / 下肢 / 複合 / バランス

正面から見ると

片脚立ちのときや、前に踏み出したときに上体が左右に傾かないように注意する

1 両脚をそろえて、真っすぐな姿勢で立つ

2 太ももが地面と水平になるところまで片脚をゆっくり浮かせる

3 上体を垂直にした姿勢を維持し、浮かせたひざを90度に曲げたまま、脚を前方に大きく踏み出し、素早く元の姿勢に戻る。反対側でも同じことを行ない、1回とカウントする

PART2 バランスを崩さず 四肢を動かすためのトレーニング

⑬ 骨盤スクワット&つま先立ち
Pelvic Squat & Standing On Tiptoes

上肢
体幹
下肢
複合
バランス

正しい姿勢で
ゆっくり行なう

3回

※ 1〜2セット行なう

どんな姿勢でもブレない体幹をつくるトレーニング

一般的に筋肉は引き伸ばされたときに力が入りにくくなります。スクワットの姿勢から伸び上がって、体幹の筋肉が一気に引き伸ばされたときにも体幹がブレないようにしておきましょう。

1 ひじを伸ばしたまま胸の前で手のひらを合わせ、左右に脚を大きく開いて真っすぐな姿勢で立つ

2 上体を垂直に保ったまま、5秒間かけてゆっくりひざを曲げて腰を落とす

3 5秒間かけてゆっくり元の姿勢に戻ったところから、手をできるだけ高く上げてつま先立ちで5秒間キープする

⑭ サイドジャンプ
Side Jump

左右交互に
バランスよく行なう
10回
※ 3〜5セット行なう

素早い重心の切り返しができるようにしておこう

ダッシュ＆ストップからのボール方向への踏み出し動作の多いテニスでは、重心をイメージ通りに素早く切り返せることがショットの安定につながります。片脚で全体重を支えたところからの切り返し動作に必要な筋肉を鍛えておきましょう。

上肢 / 体幹 / 下肢 / 複合 / バランス

1 上体でバランスを取りながら片脚立ちになり、軸脚のひざを曲げる

2 脚を浮かせている側に向かって横にジャンプする。できるだけ高くジャンプしながら、空中で左右の脚を入れ替える

3 最初と逆側の脚を柔らかく使って、衝撃を吸収しながら着地する。着地で沈み込んだ姿勢からジャンプして元の位置に戻ったところで1回とカウントする

PART2 バランスを崩さず 四肢を動かすためのトレーニング

⑮ダッシュ姿勢つま先立ちキープ
Dash Pause with Standing on Tiptoes

左右それぞれ
ゆっくり行なう
4〜6回

体重を効率よく使って 1歩目から加速するために

ダッシュでは、自分の体重を効率よく使って、地面からの反発力を得ることが大切です。そのためには、足で地面をつかむように走るのではなく、足の指の面でしっかり体重を支えながら、重心を前に移動させることが大切になります。

1 走り出しと同じポーズで、片脚を前に出して立つ

NG 指を曲げて床をつかむように踏ん張らないように注意しよう

2 両足のかかとを浮かせながらゆっくり重心を前に移動し、10秒間キープしてからゆっくり元の姿勢に戻る

重心を前にしたときに足の指全体で体重を支えることが大切

⑯ ツイストストレッチ
Lying Twist Stretch

左右交互に **ゆっくり行なう** **6〜8**回

腰痛予防にもつながる体側部と腰部のストレッチ

体幹のひねりを中心としたプレーでは腰部から体側部の柔軟性が大切です。体をリラックスさせ、後方に移動した足の裏を床に密着させれば、さらにストレッチ効果が高まります。無理のない可動域でストレッチすることで腰痛予防にもつながります。

上肢 / 体幹 / 下肢 / 複合 / バランス

1 顔の横辺りの床を両手で押さえながら、両脚をそろえてうつぶせに寝る

2 両肩ができるだけ浮かないように両手で床を押さえながら、下半身を後方にひねるようにゆっくり片脚を浮かせ10秒間キープし、元の姿勢に戻る

3 反対側でも同じことを行ない、1回とカウントする

⑰ レッグサイドレイズ
Lying Leg Side Raise

左右交互に / ゆっくり行なう　6〜8回

股関節を広い可動域で使えるようにする

　股関節の可動域を広げると同時に、その範囲内でしっかり使えるようにするためのトレーニングです。足を広げたときに体幹がブレないように注意しましょう。

1 顔の横辺りの床を両手で押さえながら、両脚をそろえてうつぶせに寝る

2 つま先を頭側に向けながら、片脚をゆっくり広げて浮かせ、止まったところで10秒間キープし、ゆっくり元に戻す。反対側でも同じことを行ない、1回とカウントする

⑱ ボックスステップアップ
Box Step Up

左右交互に / バランスよく行なう **20**回
※ 4〜6セット行なう

上肢 / **体幹** / **下肢** / 複合 / **バランス**

大きなパワー発揮直後でもバランスを崩しにくくなる

前方への力強い踏み出し動作から、踏み出した足に重心を乗せてバランスを取る動作を行なうトレーニングです。体幹の安定とバランスを取るために必要な筋肉群を連動させるトレーニングです。

1 両脚をそろえて、イスや台などの1歩手前に真っすぐに立つ

2 階段を上るように片足をイスの上に踏み出す

3 上体を垂直に保ったままイスに踏み上がり、もう一方の脚を太ももが水平になるところまで上げ、元の姿勢に戻る。反対側でも同じことを行ない、1回とカウントする

PART2 バランスを崩さず 四肢を動かすためのトレーニング

⑲ ボックスサイドステップアップ
Box Side Step Up

上肢
体幹
下肢
複合
バランス

左右それぞれ
バランスよく行なう
8回
※ 3〜5セット行なう

動きの中でのバランス力を高めるトレーニング

テニスのゲームの中では、横方向への動きが多くなります。横方向の動きの中でも、体幹がブレないように、細かい筋肉を連動させて動かしながらバランスを取れるようになるためのトレーニングです。

1 両脚をそろえて、イスや台などの真横で真っすぐに立つ

2 体を正面に向け、真っすぐな姿勢を保ったままイスに片足を乗せる

3 イスに踏み上がり、腕でバランスを取りながらもう一方の脚を横に浮かせ、元の姿勢に戻る。片脚立ちになったときに視線を水平に保ち、できるだけ垂直に立つ意識を持つことが大切

PART 3

どんなボールでも打ち負けない
力強いストロークが身につくトレーニング

PART3 どんなボールでも打ち負けない力強いストロークが身につくトレーニング

スイングの安定は重心移動と安定した体幹がポイント

素早くボールに入り、しっかり踏み込んで打つのがストロークの基本。
下半身と体幹の安定、柔らかい上半身の使い方が力強いショットを生み出す。

　ストロークでは、しっかり前に踏み込んで重心移動をしながら打つことが大切です。左右に移動してからのストロークで、真っすぐに踏み出す余裕がないときでも、完全なオープンスタンスではなく、セミオープンで踏み込み動作とスイングを連動させて打つのが理想です。また、ボールを打った後に体が流れてバランスを崩さないようにすることも大切です。

　ストロークでのミスの多くは、スイングの準備が遅れることによる「振り遅れ」に原因があります。また、強いボールを打とうと思うほど、腕に力が入り、ラケットの面がブレたり、ヘッドスピードが上がらなくなってしまいます。

　高いボールを打つときなどでも、手打ちではなく、下半身からパワーを発揮し、腕を柔らかく使って、ラケットの重さを生かしたスイングができるようになりましょう。

トレーニングで得られる成果

❶ 今まで拾えなかったボールが打てるようになる
❷ 速くて重い打球が打てるようになる
❸ ミスショットが少なくなる
❹ 試合の終盤まで力強いスイングができるようになる
❺ ケガをしにくい体になる

1 グラウンドストロークのポイント
ブレない体幹で「体の軸」を安定させる

強いボールを打ちたいと思うほど、手首や腕などの末端の筋肉に力が入りやすくなります。

しかし、手首、ひじ、肩などの関節に力が入ると腕全体にしなやかさがなくなり、「腕を振るスピード＝ヘッドスピード」となってしまいます。これらの関節の力みをなくすことで、腕がムチのようにしなり、末端のラケットに力が伝わるときに加速して、ヘッドスピードが速くなります。関節に無駄な力が入らないようにするためには、グリップを柔らかく握ることが大切です。そして、下半身で発揮した大きな力を無駄なく腕に伝えるために大切なのが、ブレのない安定した体幹なのです。

速いショットを打つためには、日ごろから「正

しい素振り」をする必要があります。「体の軸」がしっかりできた正しいスイングを身につけるために、ブレない体幹をつくりましょう。単に筋力をつけるのではなく、動作の中でもブレない体幹をつくることが大切です。

2 グラウンドストロークのポイント
体を開かずにしっかり重心移動をしながら打つ

ボールを打った後に上体が前に傾いてしまうと、ラケットを振り抜けなくなってしまいます。とくにフォアハンドでは、フォロースルーで体が流れないように注意しましょう。

バックハンドでは、右利きの場合、体の左側に壁をつくりやすいため、体が流れにくくなります。しかし、インパクトで上体が突っ込んで、右半身が窮屈なスイングをしている人も多いです。

プロの連続写真などを見ると、一見、打ち出し方向に上体が流れて打っているように見えます。しかし、突っ込んでいるようでも軸足にしっかり体重を乗せてから、踏み出しながら下半身始動のスイングをしています。そして、振り切った後にはしっかり体が残ることが大切です。くれぐれも間違ったイメージを持たないように注意しましょう。

上体が前に突っ込んでしまうと体の右側が窮屈になって振り抜けない

基本のフォアハンドストローク

● 高いボール

打点が高くなってもラケットを振り下ろすのではなく、スイングは変えずにインパクトの高さを調節しましょう。体幹が使えていないと、ジャンプしたときなどにバランスを崩しやすくなるので注意しましょう。

Forehand Stroke

ストロークでは、打ち出し方向にしっかり踏み込みながら、体重移動を使ってスイングするのが基本です。そのためには、腕や手首の力に頼るのではなく、ボールの落下点に素早く移動して、安定した姿勢で地面から得た力（反発力）を体幹を通じて上肢に伝えることが大切です。

● **低いボール**

打点が低いときは、ひざを柔らかく使って、低い姿勢でしっかり踏み出すことが大切です。姿勢が高いと左右にバランスを崩したり、腕の筋力に頼ったスイングになってしまうので注意しましょう。

PART3 どんなボールでも打ち負けない力強いストロークが身につくトレーニング

基本のバックハンドストローク（両手）

● 前から見る

インパクト後に体を開かずに、体幹にタメをつくって振り抜くことで、体の軸がブレないスイングが可能になります。

Backhand Stroke

バックハンドストロークでは、強打できる範囲を広げることを目標に練習しましょう。そのためには、フォアハンド同様、体が流れないように、体の軸が安定したスイングをすることが大切です。どの角度へも強打できる粘り強いバックハンドを身につけましょう。

PART3 どんなボールでも打ち負けない力強いストロークが身につくトレーニング

● 高いボール

バックハンドで高いボールを打つときは、とくにしっかりした体重移動が必要です。空中でバランスを崩さないように体の軸がブレないスイングを意識しましょう。

バックハンドストローク（片手）

Backhand Stroke

● 低いボール

低いボールを打つときは、ひざを柔らかく使って、重心を低くして打つことが大切です。試合の後半など、疲労で棒立ちのスイングにならないために、下半身を強化しておきましょう。

片手のバックハンドストロークでは、インパクト後に体が開きやすくなります。右手で振り抜くと同時に左手を広げて、上体が開かないようにバランスを取るようにしましょう。ボールを呼び込むときも、左手をラケットに添えてターンすることで、上体が前に突っ込みにくくなります。

PART3 どんなボールでも打ち負けない力強いストロークが身につくトレーニング

基本動作の解析
Phase1 ターン〜踏み込み動作

ボールの来る方向を予測して、移動を開始すると同時にラケットを引き、インパクトに向けて足を踏み出すときに体幹にタメができているのが理想です。腕や手首だけでラケットを引いてしまうと、体幹を使ったスイングができなくなってしまうので注意しましょう。

● フォアハンドストローク

ラケットの準備が早くできていることで、踏み出すときに体幹にタメができて、重心移動に合わせた体幹からのスイング動作ができる

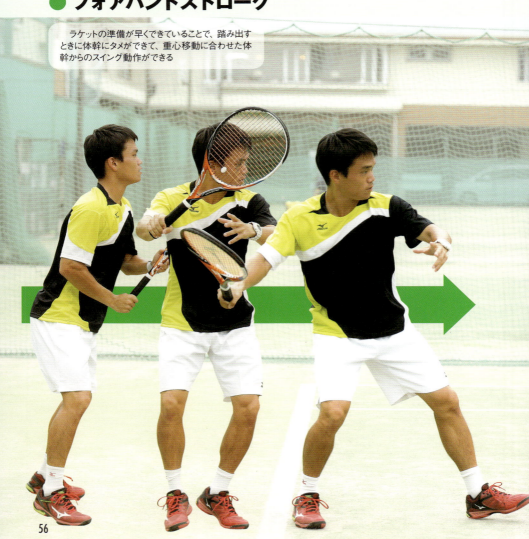

ラケットを引くのではなく体を回転させることが大切

ラケットを引くテークバックの意識が強いと、腕や手首の動きだけでラケットを後方に引く動作になり、腕の筋力に頼った「手打ち」になってしまいがちです。

体幹を使ってターンすることで、ヘッドスピードが上がってスイングが安定すると同時に、手首やひじへの負担も少なくなります。

体をあまり回転させずに、腕だけでラケットを後方に引く

ラケットを上に振り上げるように引く

● バックハンドストローク

バックハンドのときも、腕ではなく体幹を使ってラケットを引くことが大切。インパクトに向けて踏み出したときに上体をひねって体幹にタメをつくる

体幹を使わずに腕や手首だけでラケットを引くと振り幅が小さくなる

PART3 どんなボールでも打ち負けない力強いストロークが身につくトレーニング

基本動作の解析
Phase2 踏み込み動作〜インパクト

ターンで軸足にしっかり体重を乗せたところから、踏み出しながら打つことが大切です。重心移動によって下半身から生まれたパワーを、腕や手首を柔らかく使ってボールに伝えます。

腕の力ではなく、ラケットの重みを利用したスイングでボールを確実にとらえましょう。

● フォアハンドストローク

打点に向かって踏み込みながら、体重移動に合わせて腕を振り出す。手首を柔らかく使うことで、ラケットの重みを生かしたスイングが実現する

体の軸がブレないように
上体を垂直に保ってスイング

インパクトに向けて力んでしまうと、上体がのけ反ったり、前に突っ込んでしまいます。このように体の軸が前後左右にブレてしまうと、打球をコントロールしにくいだけでなく、フォームが乱れて、振り抜いた後のバランスを崩しやすくなります。体の軸が安定したスムーズなスイングを身につけましょう。

上体がのけ反ってしまうと腕力だけのスイングになってしまう

上体が前に突っ込んでしまうとしっかり振り抜けない

● バックハンドストローク

体の軸を垂直に保って、体幹を使ってスイングすることで、右腕の窮屈感がなくなり、下半身の動きと連動したスイングができる

両手のバックハンドは上体が突っ込みやすいので注意しよう

PART3 どんなボールでも打ち負けない力強いストロークが身につくトレーニング

基本動作の解析
Phase3 インパクト〜フォロースルー

インパクトからフォロースルーにかけては、ラケットの重みでヘッドを回転させるように心がけましょう。腕の力でボールを弾き飛ばそうとすると、手首の腱鞘炎やひじの傷害につながります。

どうしても難しい場合のアイデアとしては、ラケットを重くすれば、ラケットの重みを感じやすくなり、面も安定します。

● **フォアハンドストローク**

インパクトから腕を前に押すようにしてから体に腕を巻きつけていく。体の軸を中心にしっかり振り抜くことで、振り切った後もボディーバランスを維持することができる

正しく振り抜くことで
スムーズに次の準備ができる

インパクトから体重移動をしながら、前に押し出すようにラケットを振り抜きます。このとき、上体が流れてしまったり、前方に突っ込んでしまったりしないように注意しましょう。フォロースルーでバランスが乱れてしまうと、次の打球に対する準備も遅れてしまいます。体の軸をブラさずにしっかり振り切れるようになりましょう。

体が開き過ぎると上体が流れてバランスを崩してしまう

上体が突っ込むと振り抜けない

● バックハンドストローク

フォアハンドより体が開きにくいが、ラケットの重みを感じにくいのがバックハンドの特徴。腕の力に頼ったスイングにならないように注意しよう

最後に伸び上がってしまうスイングは手打ちになりやすい

PART3 どんなボールでも打ち負けない力強いストロークが身につくトレーニング

① ストレートアームワイドオープン
Straight Arm Wide Open

- 上肢
- 体幹
- 下肢
- 複合
- バランス

左右対称に
ゆっくり行なう
10回
※3～5セット行なう

ターンのときに必要な胸の筋肉を鍛える

ターンのときにラケットをしっかり引いてタメをつくるための胸の筋肉を鍛えるトレーニングです。

1 両手が肩より高くならないように「前に倣え」の姿勢でチューブを持つ

2 背中の筋肉を意識しながら、両腕を左右にゆっくり広げる

チューブの握り方

人さし指と中指の間にチューブを通し、中指～小指までの3本の指でチューブを握れば、腕の力みを抑え、バランスよく効率的に筋肉を鍛えられる

腕や胸などの体の前面の筋肉に力が入って、肩の位置が高くならないように注意する

② ストレートアームクローズド
Straight Arm Closed

左右対称に **ゆっくり行なう** **10回**

※ 3〜5セット行なう

インパクトで力強くボールを押し出すためのトレーニング

インパクトしたボールを真っすぐ押し出す動作に必要な腕や胸の筋肉を鍛えるトレーニングです。

上肢 / 体幹 / 下肢 / 複合 / バランス

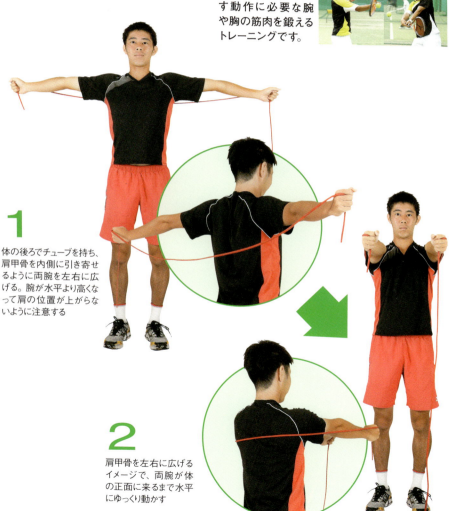

1 体の後ろでチューブを持ち、肩甲骨を内側に引き寄せるように両腕を左右に広げる。腕が水平より高くなって肩の位置が上がらないように注意する

2 肩甲骨を左右に広げるイメージで、両腕が体の正面に来るまで水平にゆっくり動かす

PART3 どんなボールでも打ち負けない力強いストロークが身につくトレーニング

③ ストレートアームバックスイング
Straight Arm Back Swing

上肢
体幹
下肢
複合
バランス

左右対称に
ゆっくり行なう
8回
※ 3〜5セット行なう

体の裏側の筋肉を鍛えて ヘッドスピードを上げる

ヘッドスピードを上げるためにスイングの初動で使われる腕の裏側や肩甲骨まわりの筋肉を鍛えておきましょう。

1 チューブの中央を前方に固定し、腕を前方に伸ばして手のひらが上を向くようにチューブの両端を握る

2 腕を伸ばしたまま、腕が体の横で45度程度になるところまで引く。肩甲骨を内側に引き寄せるように腕を引くことを意識する

④ ローイングストレート
Rowing Straight

左右対称に
ゆっくり行なう

8回

※ 3〜5セット行なう

ターンのときにブレない「体の軸」をつくる

腕の動きに連動して体幹の力を使えるようにしておくことで、体の軸が安定したスイングを身につけましょう。

上肢
体幹
下肢
複合
バランス

1 チューブの中央を前方に固定し、腕を前方に伸ばして手のひらを内側に向けてチューブの両端を握る

2 左右にわきが開かないように、手もとがわき腹辺りに来るところまでチューブを引く。肩甲骨を内側に引き寄せるように息を吐きながらゆっくり腕を引く

PART3 どんなボールでも打ち負けない力強いストロークが身につくトレーニング

⑤ ローイングアップ
Rowing Up

上肢
体幹
下肢
複合
バランス

左右対称に
ゆっくり行なう

8回

※ 3〜5セット行なう

低いボールを打つときの スムーズな腕の振りを実現

低いボールを打つときの肩甲骨のスムーズな動きをつくるためのトレーニングです。腕の動きに連動した体幹の使い方も覚えましょう。

1
チューブの中央を前方のやや下方に固定し、チューブと一直線になるように腕を前方に伸ばして手のひらを下に向けてチューブの両端を握る

2
ひじが肩の高さになるように、チューブを真っすぐ引く。肩甲骨を内側に引き寄せるように息を吸い込みながらゆっくり腕を引く

⑥ ローイングダウン
Rowing Down

左右対称に
ゆっくり行なう
※ 3～5セット行なう

8回

高い打点でもしっかり振り抜くためのトレーニング

高いボールを打つときのスムーズな腕の動きを身につけるためのトレーニングです。様々な可動域での腕の動きに必要な筋肉を強化すると同時にブレない体幹をつくっておきましょう。

上肢
体幹
下肢
複合
バランス

1 チューブの中央を前方のやや上方に固定し、チューブと一直線になるように腕を前方に伸ばして手のひらを内側に向けてチューブの両端を握る。天井が低い場合はひざ立ちで行なう

2 わきを締めたまま、手もとが胸の横辺りに来るところまでチューブを引く。肩甲骨を内側に引き寄せるように息を吸い込みながらゆっくり腕を引く

PART3 どんなボールでも打ち負けない力強いストロークが身につくトレーニング

⑦ツイストスイング
Twist Swing

左右それぞれ
ゆっくり行なう
10回

※ いずれかを3〜5セット行なう
※ チューブなしの場合は左右交互に行なう

● チューブあり

チューブの握り方

両手の指を絡ませ、両手で挟み込むようにチューブを持つ

1

チューブの一端を側方に固定し、腕を水平に上げてチューブのもう一端を両手で持ち、広めのスタンスで立つ

2

チューブの方向に腕を水平に回転させながら、腰を落として体を反転させる。十分に上体をひねったところから、ゆっくり元の姿勢に戻る。体をひねったときに、左右のひざをしっかり曲げることが大切

下半身のパワーを効率よく
ボールに伝えるためのトレーニング

　正確にコントロールされた強いボールを打つために、下半身で発揮したパワーを上半身に伝えるためのトレーニングです。腰を落としたランジ姿勢から、立ち上がるパワーを利用して上体を戻しましょう。

● チューブなし

1 広めのスタンスで真っすぐに立ち、「前に倣え」の姿勢で両腕を水平に上げる

2 両手の幅を変えずに腕を水平に回転させながら、腰を落とし、左右のひざをしっかり曲げて体を反転させる

3 元の姿勢に戻る

4 逆側でも同じことを行なって1回とカウントする。チューブの抵抗がない分、上体の力の入れ方が難しくなる

PART3 どんなボールでも打ち負けない力強いストロークが身につくトレーニング

⑧ クイックツイスト
Quick Twist

上肢 / 体幹 / 下肢 / 複合 / バランス

左右交互に
素早く行なう
8回
※ 3〜5セット行なう

打球を予測してからの反応スピードを速くする

ボールの軌道を予測して移動を開始すると同時に素早く上体を準備できるようにするためのトレーニングです。

1 広めのスタンスで腰を落とし、ひじを90度に曲げて、両腕を胸の前に上げて構える

2 ターンのイメージで上体を素早くひねってボールを打つ構えを取り、素早く元の姿勢に戻る

3 逆側でも同じことを行なって1回とカウントする

⑨ ジャンプ&ターンポーズ
Jump & Turn Pause

手打ちにならずに下半身から始動するスイングを身につける

ボールに入ったときに、上半身の準備と下半身のタメをつくったところから、下半身のパワーを使ったスイングをするためのトレーニングです。

- 左右交互に
- 素早く行なう

8回

※ 3〜5セット行なう

- 上肢
- 体幹
- 下肢
- 複合
- バランス

1 フォアハンドの構えからスタートする

2 その場でジャンプをして、素早くバックハンドの構えで着地する。同様にジャンプして元の姿勢に戻ったところで1回とカウントする

PART3 どんなボールでも打ち負けない力強いストロークが身につくトレーニング

⑩ サイドバック&前向きジャンプ
3-Step Side Back Jump & 2-Step Front Jump

上肢
体幹
下肢
複合
バランス

フォア/バック交互に素早く行なう 6〜8回 ●フォアサイド

姿勢を崩さず前後に素早く移動することで体幹がブレないスイングができる

ボールが来る方向を予測すると同時に、素早く移動を開始し、ボールに入ったときには、すでに打つ準備ができていなければ、重心移動を使ったスイングはできません。そのとき、体幹をブラさず、下半身のパワーをボールに伝えられれば、より力強いショットが可能になります。

1
正面を向いた待球姿勢から、空中で右側に体をひねりながら後方に向かってジャンプする

74ページの 7 へ

6
スタートのポジションに戻ったところで、次にバックサイドで同じことを行なう

72

2 フォアハンドの構えで着地し、素早く後方にジャンプする

3 2と同様に後方にジャンプする

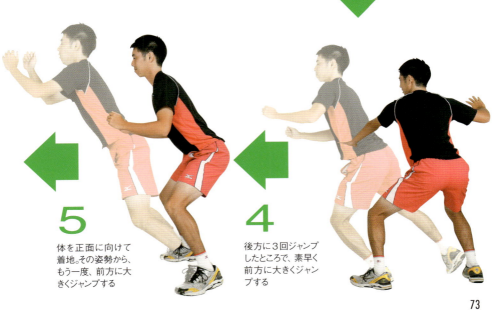

4 後方に3回ジャンプしたところで、素早く前方に大きくジャンプする

5 体を正面に向けて着地。その姿勢から、もう一度、前方に大きくジャンプする

PART3 どんなボールでも打ち負けない力強いストロークが身につくトレーニング

●バックサイド

8 バックハンドの構えで着地し、素早く後方にジャンプする

7 着地したところから、空中で左側に体をひねりながら後方に向かってジャンプする

12 スタートのポジションに戻ったところで、1回とカウントする

9 8と同様に後方にジャンプする

10 後方に3回ジャンプしたところで、素早く前方に大きくジャンプする

11 体を正面に向けて着地。その姿勢から、もう一度、前方に大きくジャンプする

PART3 どんなボールでも打ち負けない力強いストロークが身につくトレーニング

⑪ 片脚スクワット
Single Leg Squat

上肢 / 体幹 / 下肢 / 複合 / バランス

左右それぞれ
ゆっくり行なう

8回

※ 3〜5セット行なう

ボールに入るときにバランスを崩さない筋力をつける

ボールの打点に移動したときに、正確にストップするための脚の筋力をつけるトレーニングです。

●片脚を後ろに上げる

1

真っすぐに立った姿勢で片脚のひざを曲げて床から浮かせる

2

視線を前方に保ったまま、バランスを取りながら、ひざをゆっくり曲げ、ゆっくり元の姿勢に戻る

横から見ると

バランスが崩れる人は

バランスが崩れてしまう場合、後方にイスを置いて、片脚をイスに乗せて行なう

●片脚を前に上げる

1 真っすぐに立った姿勢で片脚を前方に伸ばして床から浮かせる

2 バランスを取りながら、ひざをゆっくり曲げ、ゆっくり元の姿勢に戻る

●片脚を横に上げる

1 真っすぐに立った姿勢でひざを伸ばしたまま片脚を横に持ち上げる

2 バランスを取りながら、ひざをゆっくり曲げ、ゆっくり元の姿勢に戻る

バランスが崩れる人は

バランスが崩れてしまう場合、イスを横に置いて、片脚をイスに乗せて行なう

PART3 どんなボールでも打ち負けない力強いストロークが身につくトレーニング

⑫ サイドステップバランス
Side Step Balance

●片脚ジャンプ

左右それぞれ 素早く行なう **8〜10**回

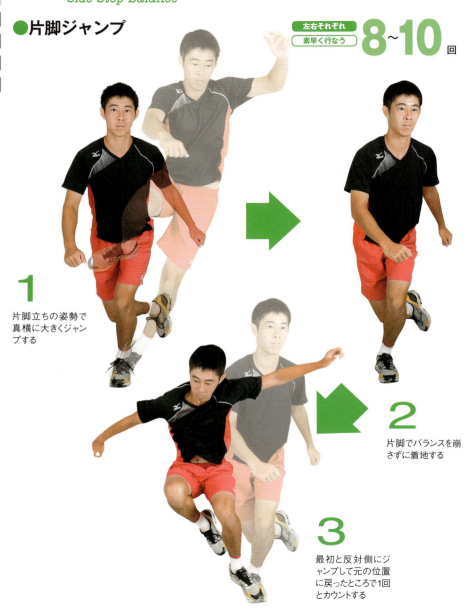

1 片脚立ちの姿勢で真横に大きくジャンプする

2 片脚でバランスを崩さずに着地する

3 最初と反対側にジャンプして元の位置に戻ったところで1回とカウントする

軸を保ちながら左右に素早く移動するトレーニング

左右に素早く動くために必要な筋力のバランスを整えると同時に、瞬発力を高めるためのトレーニングです。ボールを打つ場所に素早く入ることが、軸のブレや手打ちの解消につながります。

●両脚ジャンプ

正しい姿勢で
素早く行なう
10回
※ 3～5セット行なう

1 マーカーなどを2個置いて、そのライン上に片足を乗せて準備姿勢で構え、横にジャンプする

2 最初と逆の足がライン上になるように着地する。同様に逆方向にジャンプして元の位置に戻ったところで1回とカウントする

NG 着地したときに体が左右に流れないように、できるだけ高くジャンプすることが大切

PART3 どんなボールでも打ち負けない力強いストロークが身につくトレーニング

⑬ スプリットステップターン
Split Step Turn

上肢
体幹
下肢
複合
バランス

1 広めのスタンスで腰を軽く落とし、腕を「前に倣え」のように上げる

2 その場で軽くジャンプ（スプリットステップ）する

3 着地と同時に上半身をひねって重心を右に移動する。フォアハンドのターンを意識して行なう

左右交互に
素早く行なう
10回
※ 3〜5セット行なう

レシーブなどで待球姿勢から素早く反応できるようになる

レシーブなどのスプリットステップからの反応を素早くするためのトレーニングです。姿勢に注意しながら素早い動きで行ないましょう。

4
素早く元の姿勢に戻り、スプリットステップを行なう

5
着地と同時に、最初とは逆側に上半身をひねって重心を左に移動する。バックハンドのターンを意識して行なう。沈んだところから素早く元の姿勢に戻り、1回とカウントする

PART3 どんなボールでも打ち負けない力強いストロークが身につくトレーニング

⑭ スプリットステップターンボールスロー
Split Step Turn Ball Throw

上肢
体幹
下肢
複合
バランス

1 広めのスタンスで「前へ倣え」をした姿勢でスプリットステップをする。パートナーは正面からボールを投げる

2 着地と同時に上体を右にひねりながら、パートナーが投げたボールをキャッチする

※ひとりで行なう場合、最初はボールを持って3からの動作になる

3 ボールを持ったまま、スイングのターンを意識しながら腰を落として上体をひねる

4 元の姿勢に戻しながら、上体をひねって壁やパートナーに向けてボールを投げる

ボールを使ってより実践的に素早い動きを身につける

素早い動きに加えて、体幹を使ったスイングを身につけることができるトレーニングです。壁を使えば1人でも行なえます。

左右交互に
バランスよく行なう

8回

※ 3～5セット行なう
※直径30cm程度のビニールボールを使用

5 元の姿勢に素早く戻ってスプリットステップをする

6 最初と逆側でボールをキャッチする

7 右利きの場合、バックハンドのターンを意識しながら上体をひねる

8 ボールを投げながら元の姿勢に戻る。正しくボールをコントロールすることが大切

PART3 どんなボールでも打ち負けない力強いストロークが身につくトレーニング

⑮ スプリットステップターン〜踏み込み
Split Step Turn & Step Forward

上肢
体幹
下肢
複合
バランス

● **フォアサイド**

1 テニスの準備姿勢でスプリットステップをする

2 フォアサイドに上体をターンさせながら重心移動する

3 体幹にタメをつくりながら打ち出し方向に1歩踏み出し、素早く元の姿勢に戻る

左右交互に **素早く行なう** **10回**

※ 6〜8セット行なう

準備姿勢をつくって素早くボールに入るためのトレーニング

ボールの来る方向を予測して、準備からボールを打つ場所に入るまでの動作を素早くするためのトレーニングです。正しい姿勢で、素早く動けるようにしておきましょう。

●バックサイド

4 テニスの準備姿勢から、その場でスプリットステップをする

5 バックサイドに上体をターンさせながら重心移動する

6 体幹にタメをつくりながら打ち出し方向に1歩踏み出し、素早く元の姿勢に戻って1回とカウントする

PART3 どんなボールでも打ち負けない力強いストロークが身につくトレーニング

⑯ スプリットステップターン～踏み込みボールスロー
Split Step Turn & Step Forward Ball Throw

上肢
体幹
下肢
複合
バランス

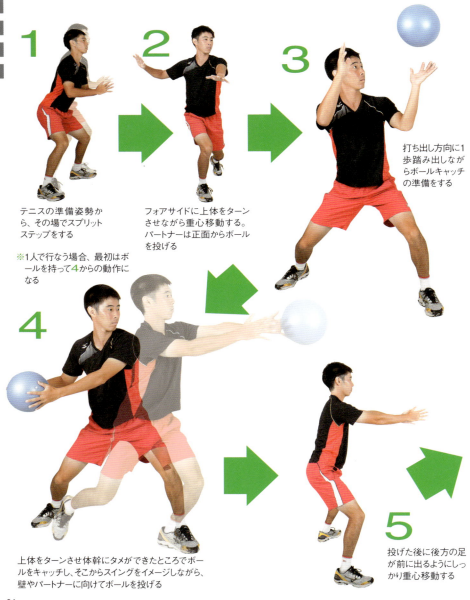

1 テニスの準備姿勢から、その場でスプリットステップをする

※1人で行なう場合、最初はボールを持って**4**からの動作になる

2 フォアサイドに上体をターンさせながら重心移動する。パートナーは正面からボールを投げる

3 打ち出し方向に1歩踏み出しながらボールキャッチの準備をする

4 上体をターンさせ体幹にタメができたところでボールをキャッチし、そこからスイングをイメージしながら、壁やパートナーに向けてボールを投げる

5 投げた後に後方の足が前に出るようにしっかり重心移動する

インパクトのパワーと精度を高めるためのトレーニング

左右交互に
素早く行なう
10回

※ 3〜5セット行なう
※ 直径30cm程度のビニールボールを使用

軽いボールを使うことで、体幹からのスイングを身につけることができます。正確にコントロールできるように練習しておきましょう。

6

素早く元の位置に戻ってスプリットステップをする

7

ボールが戻ってくるタイミングに合わせ、最初と逆サイドに1歩踏み出す。パートナーはボールを投げる

8

打ち出し方向に1歩踏み出しながらボールキャッチの準備をする

9

上体をターンさせ体幹にタメができたところでボールをキャッチし、そこからスイングをイメージしながらボールを投げる

10
正しい体幹の動きと重心移動でボールをコントロールしながら投げる

11

後方の足をしっかり踏み出し、素早く元の位置に戻る

PART3 どんなボールでも打ち負けない力強いストロークが身につくトレーニング

メニュー例 ❶

ストロークで振り遅れない ためのトレーニング

ストロークを打つときはいち早く準備を行ない、
ボールを打つ位置まで素早く移動して正しいスイングを行なうことが大切です。
この一連の動作に必要な反応の早さと
無駄のないステップワークを身につけておきましょう。

⑧ クイックツイスト
8回 × 3~5セット
P.70参照

⑨ ジャンプ＆ターンポーズ
8回 × 3~5セット
P.71参照

⑩ サイドバック＆前向きジャンプ
6~8回
P.72参照

⑬ スプリットステップターン
10回 × 3~5セット
P.80参照

メニュー例 ❷

インパクトのブレをなくすためのトレーニング

相手の打ってきたボールの勢いに負けないようにするためには、
ラケットの面が安定した状態でインパクトする必要があります。
軸を保った体のブレのないスイングをするために、
腕だけでなく、下半身や体幹も強化しておくことが大切です。

① ストレートアームワイドオープン
10回 × 3〜5セット

P.62参照

② ストレートアームクローズド
10回 × 3〜5セット

P.63参照

⑦ ツイストスイング
10回 × 3〜5セット

P.68参照

PART3 どんなボールでも打ち負けない力強いストロークが身につくトレーニング

メニュー例 ③

無駄のないシンプルなステップワークができるようになるトレーニング

コートの中でたくさん動いてプレーしていると、一見フットワークがよく見えますが、実際には無駄な動きで体力を浪費しているだけかもしれません。最後までいいパフォーマンスを発揮するために、効率のよいステップワークを身につけましょう。

⑩ サイドバック＆前向きジャンプ
6~8回　P.72参照

⑮ スプリットステップターン〜踏み込み
10回 × 6~8セット　P.84参照

⑯ スプリットステップターン〜踏み込みボールスロー
10回 × 3~5セット　P.86参照

メニュー例 ④

ラン＆ストップからブレずに打てるようになるためのトレーニング

テニスでは足を止めてスイングすることで、体のブレや正確な位置での打点をつかみやすくなります。走りながら打つのではなく、しっかりと打点に入ったところで止まってから、踏み込んで打つ体の使い方を覚えましょう。

⑫ サイドステップバランス
8~10回　P.78参照

⑭ スプリットステップターンボールスロー
8回 × 6~8セット　P.82参照

⑯ スプリットステップターン〜踏み込みボールスロー
10回 × 3~5セット　P.86参照

PART 4

確実にエースを取れる
サーブ&スマッシュ
を強化するトレーニング

PART4 確実にエースを取れるサーブ&スマッシュを強化するトレーニング

ロスなく連動した動作が
力強く安定したショットを生む

サーブやスマッシュは、まず正しい体の使い方をイメージして、各部位の動作を連動させることが大切。動作に必要な筋肉を鍛えると同時に体の使い方を覚えよう。

サーブやスマッシュのときも、下半身からパワーを発揮することが重要です。最初から上半身で力を発揮する意識を持ちやすくなりますが、まず打ち込むイメージをなくすことが大切です。

ラケットを持っているので、縦にスイングすれば必ずラケットは下に向きます。振り下ろしの局面よりも、むしろ上に振り上げる力を意識した方がいいスイングができます。上げたボールを追って伸び上がらないように注意しましょう。

ジャンプサーブだと地面を蹴るのが難しいため、最初は足をついて地面の反動を利用したサーブから始めるといいでしょう。

体の使い方の基本は、野球の投球動作と同じで、体をひねった後に重心を沈めます。利き腕は、外にひねった（外旋）ところから、内にひねる（内旋）ようにインパクトすることが大切です。

トレーニングで得られる成果

❶ スマッシュやサーブの精度や安定性が高まる
❷ スマッシュやサーブのスピードが速くなる
❸ 試合の後半でも精度やスピードが落ちなくなる
❹ 肩や腰のケガをしにくくなる

1 サーブ&スマッシュのポイント
外旋させた腕を内旋させ、ゼロポジションで振り抜く

サーブやスマッシュで、腕を上から回転させる動作で大切なのが、ゼロポジションで腕を回転させることです。

ゼロポジションとは、両肩を結んだ線上にひじが来る姿勢です。この位置にひじが来たところで、肩関節の細かい筋肉の張りが均等になります。つまり、肩にかかる負担が最も少ないため、傷害の起こりにくい姿勢ということにもなります。

さらに腕を外旋させたところから内旋させて振り抜くことで、下半身や体幹から伝わった力を左右にロスすることなく、腕の回転に生かすことができます。

正しい回転運動ができるように、腕の回転に必要な肩甲骨まわりの筋肉をスムーズに動かせるようにしておきましょう。

2 サーブ&スマッシュのポイント
下半身→体幹→胸→腕→ラケットの順に力を伝える

サーブやスマッシュでも、下半身→体幹→胸→腕の順に力を伝達して、最小限の力で最大のパワーを発揮するのが基本です。ストロークとの最大の違いは、スイングの方向が縦になるということです。

地面を蹴る力を加速させるためには、下半身を沈み込ませてタメをつくったところで、体幹を反らせ、タイミングよく下からパワーを発揮させなければなりません。その分、動作が複雑になると同時にバランスを崩しやすくなります。

そして、最後に大切なのが手首の使い方です。手首を柔らかく使って、腕からラケットまでをムチのように振ることで、ヘッドスピードが上がり力強いボールが打てるようになります。

PART4 確実にエースを取れるサーブ＆スマッシュを強化するトレーニング

フラットサーブ

● 前から見る

Flat Serve

サーブの基本はフラットサーブ。正確なトスアップと同時にラケットを上げ（ラケットアップ）、体幹をしならせたところから一気に腕を振り抜きます。打ち終わった後もバランスを崩さずに、すぐに次のプレーに移れるようにしておくことが大切です。

PART4 確実にエースを取れるサーブ&スマッシュを強化するトレーニング

● スライスサーブ

スライスサーブの基本もフラットサーブと同じです。ボールの横を切るイメージでスイングしがちですが、実際はラケットアップの位置を少し背中寄りにするだけでスイングは同じです。

● スピンサーブ

スピンサーブは、ボールの上を擦ろうとしがちですが、実際にはボールの上を擦ることは不可能です。スイング自体はそれほど変えずに、トスの高さやインパクトのタイミングを調整して、打ち分けられるようにしておきましょう。

Slice Serve

● 横から見る

Spin Serve

● 横から見る

PART4　確実にエースを取れるサーブ＆スマッシュを強化するトレーニング

スマッシュ

● 野球の投球動作

Smash

スマッシュの動作は、まさに野球のピッチングに酷似しています。いち早く正確に落下点に入り、タメをつくってしっかりと準備したうえで、前方への体重移動に合わせて腕を振り抜きます。下半身、体幹、腕の振りの動作の連動性を高めることで、より強いスマッシュが打てるようになります。

PART4 確実にエースを取れるサーブ&スマッシュを強化するトレーニング

基本動作の解析
Phase1 ラケットアップ

サーブやスマッシュで、インパクトに向けてラケットを引く動作を「テークバック」と呼ぶ人も多いですが、ラケットを後方に引くイメージを持たないようにするため、私は「ラケットアップ」と呼ぶようにしています。正しく腕を上げることで上半身のタメをつくることにつながります。

● サーブ（トス〜ラケットアップ）

トスアップすると同時にラケットを持った腕を上げて準備する。このとき、ラケットを後方に引くのではなく腕を上げるイメージを持つことが大切

腕を外側にひねる（外旋）ように上げる

サーブやスマッシュの準備動作では、ラケットを上げるときに腕を外側にひねる（外旋）ことが大切です。腕を外旋することで、重心移動や全身の力をロスしないスイングができるようになります。腕を外旋させずに上げると、手打ちになってしまうので注意しましょう。

トスアップで両手を前後に開いてしまう

体を反らせるときに左右に軸がブレる

打ち出し方向に体が開いてしまう

● スマッシュ（落下点に移動～ラケットアップ）

素早く落下点を予測して移動すると同時に、両腕を上げてスイングの準備をする。ラケットを持つ腕を外側にひねり（外旋）ながら腕を上げることが大切

PART4 確実にエースを取れるサーブ&スマッシュを強化するトレーニング

基本動作の解析
Phase2 ラケットアップ～インパクト

ラケットアップからインパクトまでは、最も体のバランス力が必要とされる部分です。下半身にタメをつくるだけでなく、体幹を後方に反らして全身にタメをつくったところから、インパクトに向けて一気に力を解放します。パワーロスすることなく、これらの複雑な動きからボールに力を伝えるポイントは、運動の連動と体幹、肩甲骨、手首の使い方です。

● **サーブ**

● フラット　● スライス　● スピン

体を後方にしならせたところから、一気に地面を蹴ってスイングを始動させる。下半身、体幹、腕の振りを連動させて手首を柔らかく使う

無駄のない腕の振りで
ボールに体重を乗せる

「重心移動を使ったスイング」、「ボールに体重を乗せる」などを意識して、インパクトのときに上体が前方に流れたり、上体が突っ込んでお辞儀をするようになってしまう人も少なくありません。しかし、フォームが乱れてしまうことで、その後の姿勢の乱れにつながるだけでなく、正確にボールをコントロールできなくなってしまいます。正しく腕を振る中で、強いインパクトができるようにすることが大切です。

上体が前に流れながらインパクトを迎える

頭を下げてお辞儀するようなインパクト

● **スマッシュ**

前方への踏み込み動作からの体幹のひねりと腕振り動作を連動させ、タイミングよくタメをリリースする。腕からラケットの先端までをムチのように振るイメージで、手首を柔らかく使う

PART4 確実にエースを取れるサーブ&スマッシュを強化するトレーニング

基本動作の解析
Phase3 インパクト〜フォロースルー

サーブでは、打ち込むイメージをなくすことが大切です。ラケットの面は必ず下に向くということを忘れずに、回転運動でしっかり振り抜くことを意識しましょう。スマッシュでも動作は同じですが、ボールをしっかりとらえてできるだけ下向きに打ちます。

背中の筋肉に偏りがあると動きに支障を来すので、スムーズに動けるようにしておきましょう。

● **サーブ**

ボールをインパクトした後は、そのまましっかり腕を振り切ることが大切。体重移動をしっかり行ない、着地でもバランスを崩さないことで、次のプレーにスムーズに移行できるようにしておこう

腕をしっかり振り抜き
体のバランスを崩さない

サーブやスマッシュでは、腕の回転運動の中でボールをとらえます。インパクトでボールを押し出す意識が強いと、上体が前に流れてインパクト後のバランスが崩れてしまいます。

自然な体の動きに逆らわずに最後まで振り抜くことで、振り切った後のバランスをキープできると同時にボールコントロールもよくなります。

インパクト後にラケットを止めるのでなく、最後まで振り抜くイメージでスイングする

● **スマッシュ**

スマッシュでは、無理に打点を体から遠くにせずに、体をリラックスさせて、ボールを引きつけて下向きに打つイメージを持つとミスを軽減できる

PART4 確実にエースを取れるサーブ&スマッシュを強化するトレーニング

① アームサイドレイズ
Arm Side Raise

上肢
体幹
下肢
複合
バランス

● 片手

左右それぞれ
ゆっくり行なう
10回
※ 3〜5セット行なう

両腕を使ったスイングの準備動作を安定させる

ラケットアップやトスアップの腕の動きを安定させるためのトレーニングです。試合後半などの疲労したときでも、腕の重みに負けることなく、しっかり準備できるようにしておきましょう。

1 片足でチューブを踏み、同じ側の手で手の甲を横に向けてチューブの端を握る（握り方は62ページ参照）

2 ひじを伸ばしたまま、腕を横からゆっくり上げ、ゆっくり元の位置に戻す

● 両手

左右対称に
ゆっくり行なう
10回
※ 3〜5セット行なう

1 広めのスタンスで立ち、両足でチューブの中程を踏み、チューブの両端をそれぞれの手で握る

2 ひじを伸ばしたまま、左右の腕を同時に横からゆっくり上げ、ゆっくり元の位置に戻す

② アームフロントレイズ
Arm Front Raise

左右それぞれ **ゆっくり行なう** **10**回
※ 3〜5セット行なう

しっかりとしたスイングをするためのトレーニング

手打ちにならずに全身の力を生かしてスイングするためには、ラケットアップで腕を内側にひねった（内旋）ところからスイングを始動することが大切です。腕の内旋に必要な筋肉群を鍛えておきましょう。

1
片足でチューブを踏み、同じ側の手で手の甲を前方に向けてチューブの端を握る

2
ひじを伸ばしたまま、腕を前方からゆっくり上げ、ゆっくり元の位置に戻す

PART4　確実にエースを取れるサーブ＆スマッシュを強化するトレーニング

③ アームクロスアップ
Arm Cross Up

上肢
体幹
下肢
複合
バランス

●片手

左右それぞれ
ゆっくり行なう
8回

※ 3〜5セット行なう

1 片足でチューブを踏み、逆側の手でチューブの端を握る（握り方は62ページ参照）

2 ひじを伸ばしたまま、腕を前方から斜め上方にゆっくり上げる

3 斜め上方に上がり切ったところで元の位置にゆっくり戻す

横から見る

1　2　3

NG
腕を横側に上げるのではなく、体の正面側から上げる

108

腕を上げた姿勢をキープ
できるようにしておこう

スマッシュやサーブでは、両腕をしっかり上げた姿勢をキープして、スイングのタメをつくることが大切です。この姿勢をしっかりキープするためのトレーニングをしておきましょう。

● **両手**

> 左右対称に
> ゆっくり行なう

10 回

※ 3〜5セット行なう

1 広めのスタンスで立ち、両足でチューブを踏み、腕を体の正面でクロスさせ、左右の手でそれぞれのチューブの端を握る

2 左右の動きが対称になるように、ひじを伸ばしたまま、腕を前方から斜め上方にゆっくり上げる

3 斜め上方に上がり切ったところで元の位置にゆっくり戻す

PART4 確実にエースを取れるサーブ&スマッシュを強化するトレーニング

④ スクワットダブルアームクロスアップ
Squat Double Arm Cross Up

上肢
体幹
下肢
複合
バランス

●チューブあり

左右対称に
ゆっくり行なう
20回

※ いずれかのバリエーションを
1～2セット行なう

1 広めのスタンスで立ち、両足でチューブを踏んで、腕を体の正面で交差させ、左右の手でそれぞれのチューブの端を握り、手元の位置を斜め前方に上げる

2 背すじを伸ばしたまま、ゆっくりひざを曲げて腰を落とす

3 ひざを伸ばして立ち上がりながら、上半身の動きを連動させてひじを伸ばしたまま、腕を斜め上方に上げる

110

下半身と上半身が連動した動きを身につける

下半身で生まれたパワーをしっかり上半身に伝えるためのトレーニングです。全身の動きを連動させて、スクワット動作から生まれた力で腕を上げましょう。

● **チューブなし**

1 広めのスタンスで立ち、腕を前方斜め下に伸ばし、体の正面で交差させる

2 背すじを伸ばしたまま、ゆっくりひざを曲げて腰を落とす

3 ひざを伸ばして立ち上がりながら、上半身の動きを連動させてひじを伸ばしたまま、腕を斜め上方に上げる

PART4 確実にエースを取れるサーブ&スマッシュを強化するトレーニング

⑤ トライセプスストレートアップ
Triceps Straight Up

- 上肢
- 体幹
- 下肢
- 複合
- バランス

スイングスピードを高めるトレーニング

ラケットのヘッドスピードを加速させるために必要な腕の裏側や肩甲骨まわりの筋肉を鍛えるトレーニングです。

左右それぞれ
ゆっくり行なう
10回
※ 2～4セット行なう

1 片足でチューブを踏み、同じ側の腕を耳につけるように上げ、ひじを曲げて背中側でチューブの端を握る

2 ひじの位置を変えずにゆっくりひじを伸ばし、ゆっくり元の位置に戻す

横から見る

NG ひじを伸ばしたときに腕の位置が頭から離れる

NG ひじを伸ばしたときに腕が前方に出る

⑥ プッシュアップローテーション
Push Up Rotation

正しい姿勢で
ゆっくり行なう

6回

※ 2～4セット行なう

上肢
体幹
下肢
複合
バランス

しなやかな腕の使い方が身につくトレーニング

　胸の筋力の発揮から、手首を柔らかく使いながら腕の筋力を発揮する動きを身につけるトレーニングです。ボールに最大限の力を伝えるための腕の動きを身につけましょう。

1

床に両手をついて腕立て伏せの姿勢からお尻を高く上げる

2

腕を曲げ、顔を床に近づける

3

ひじを曲げたまま、上体を前にスライドさせる

4

体が一直線になるところまで上体を前にスライドさせる

5

体を一直線に保ったまま、ゆっくりひじを伸ばし、ひじが伸び切ったところでゆっくり元の姿勢に戻る

PART4 確実にエースを取れるサーブ&スマッシュを強化するトレーニング

⑦ 背伸びバランス
Stand On Tiptoe Balance

正しい姿勢で
ゆっくり行なう
10回

※ 3〜5セット行なう

下半身のパワーを より高いところに伝える

サーブやスマッシュでは、下半身で生まれたパワーをより高い位置で発揮することが大切です。そこで重要になるのが体幹の安定です。力が入りにくい体幹が伸び切った姿勢でも、しっかり安定できるようになりましょう。

横から見る

1 腕を頭上に伸ばして手のひらを合わせて、広めのスタンスで真っすぐ立つ

2 姿勢を崩さずに、腕を突き上げるイメージで、できるだけ高いところまでつま先立ちになる

⑧ 大きいボールスロー
Big Ball Throw

`正しい姿勢で`
`利き手で行なう`
10回

※ 6〜8セット行なう
※ 直径30cm程度のビニールボールを使用

上肢
体幹
下肢
複合
バランス

体幹の筋肉を意識して肩甲骨の動きで腕を動かす

腕を上から振る動作では、安定した体幹と肩甲骨の使い方がポイントになります。下半身からのパワーを逃がさないように体幹をひねり、スムーズに肩甲骨を動かして腕を振りましょう。

1 利き手にボールを持って、壁（ボールを投げる方向）に向かって正対する

2 足の位置を変えずに体幹を使ってボールを頭の後方にゆっくり持ち上げる

3 肩甲骨のスムーズな動きを意識してボールを真っすぐ投げる

4 腕をしっかり振り切ることが大切

PART4 確実にエースを取れるサーブ＆スマッシュを強化するトレーニング

⑨ 野球の投球動作の練習
Pitching Motion

上肢
体幹
下肢
複合
バランス

正しい姿勢で
利き手で行なう
10回
※ 1〜2セット行なう

1 目標方向に正対して立ったところからワインドアップで振りかぶる

2 軸足に体重を乗せ、上体にタメをつくる

3 上体を垂直に保ったままで、前に倒れ込むように重心移動する

4 できるだけ前に踏み出して、体幹にタメを残したまま振りかぶる

前から見る

1　2　3　4

類似した動作を通じて
正しい体の使い方を覚える

　サーブやスマッシュの体の使い方は野球の投球動作からヒントをつかむといいでしょう。ラケットを持つと打ちに行く気持ちが生まれるのでフォームが乱れやすくなります。ラケットを持つ前に、基本となる体の使い方を覚えておきましょう。

腰を前に押し出すように体を回転させる。上体のタメができていれば、利き手側のわき腹が引き伸ばされる

腕を振り切ったときに、踏み出した足に完全に体重が乗る

バランスを崩さずに軸足を真っすぐに踏み出す

PART4 確実にエースを取れるサーブ&スマッシュを強化するトレーニング

⑩ボールツイスト&ハイアップ
Twist & High Up with Ball

上肢
体幹
下肢
複合
バランス

左右交互に
ゆっくり行なう
8回

※ いずれかのバリエーションを4〜6セット行なう
※ 直径30cm程度のビニールボールを使用

●ボールあり

1 広めのスタンスで立ち、胸の前で両手でボールを持つ

2 ボールを斜め後方に移動するイメージで体を回す

横から見ると

1　2　3　4

118

体幹をしならせても バランスを崩さない 安定した下半身をつくる

ボールが高いところにあるときに、体幹をしならせて下半身にタメをつくると、バランスを崩しやすくなります。そのときのバランス能力を高めておくことで、パワーロスがなくなりショットの精度も高まります。

3
体の後方を通してボールを頭上に移動させる

4
ボールが頭上に来たところでつま先立ちになり、元の姿勢に戻る。逆側でも同じことを行ない1回とカウントする

●ボールなし

柔軟性が高まってきたら、ボールを持たずにやってみましょう。左右の手の幅を変えずに行ないましょう。

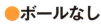

PART4 確実にエースを取れるサーブ&スマッシュを強化するトレーニング

⑪ オーバーヘッドスローイング
Over Head Throwing

上肢
体幹
下肢
複合
バランス

正しい姿勢で
ゆっくり行なう

8回

※ 3~5セット行なう

1 広めのスタンスで立ち、胸の前で両手でボールを持つ

2 ひざや腰を柔らかく使って重心を下げながら、ボールを頭上に上げる

3 一連の動作でボールを後方に引いて体を反らせる

下半身のパワーに体幹の力を連動させてボールに伝える

　下半身で地面を踏みしめることで生まれたパワーと、体幹のしなりから生まれるパワーをボールに効率よく伝えるためのトレーニングです。サッカーのスローインでのロングスローのイメージで、腹筋や背筋の使い方を意識して練習しましょう。

4
全身のタメを一気に解放するように、サッカーのスローインのイメージでボールを前方に投げる

5
腕をしっかり振り切って、下半身の力をボールに伝えることが大切

PART4 確実にエースを取れるサーブ&スマッシュを強化するトレーニング

メニュー例 ❶

安定したサーブやスマッシュを打てるようになる**トレーニング**

サーブやスマッシュでは自分に主導権があるため、点を取りたい気持ちが強くなり、
上半身に過剰な力が入って、ネットやアウトボールになってしまいがちです。
全身の筋肉を効率よく使ったスイングで
安定したサーブやスマッシュを打てるようにしておきましょう。

⑩ ボールツイスト&ハイアップ

8回 × 4~6セット P.118参照

⑪ オーバーヘッドスローイング

8回 × 3~5セット P.120参照

柔らかいスイングで打点をとらえるためのトレーニング

メニュー例 ❷

スイングスピードが速いだけでは強くて重いボールは打てません。
とくにサーブやスマッシュでは、腕全体をしなやかに柔らかく振り抜く意識が大切です。
トレーニングを通じて、上半身を脱力させた滑らかなスイングで、
打点をしっかりとらえて打てるようにしておきましょう。

④ スクワットダブルアームクロスアップ
20回 × 1~2セット
P.110参照

⑥ プッシュアップローテーション
6回 × 2~4セット
P.113参照

⑧ 大きいボールスロー
10回 × 6~8セット
P.115参照

⑨ 野球の投球動作の練習
10回 × 1~2セット
P.116参照

PART4 確実にエースを取れるサーブ&スマッシュを強化するトレーニング
メニュー例 ③

下半身のパワーを効率よく腕に伝えるためのトレーニング

腕の筋力だけを使ったスイングでは、思ったほどスピードが出ないだけでなく、ケガのリスクも高くなります。勢いのあるサーブやスマッシュを打つためにも、下半身で発揮した大きなエネルギーを、ロスすることなく体幹を通して、効率よく腕に伝えられるようにしておきましょう。

④ スクワットダブルアームクロスアップ
20回 × 1~2セット
P.110参照

⑦ 背伸びバランス
10回 × 3~5セット
P.114参照

⑩ ボールツイスト&ハイアップ
8回 × 4~6セット
P.118参照

⑪ オーバーヘッドスローイング
8回 × 3~5セット
P.120参照

PART 5

ポイントにつながるパンチの効いた
正確なボレーを
身につけるトレーニング

PART5　ポイントにつながるパンチの効いた正確なボレーを身につけるトレーニング

反応速度を上げて素早くボレーポジションに入る

正確で力強いボレーショットを打つためには、正しいフォームを身につけ、相手のショットに素早く反応することが重要。正しい姿勢で素早く動くために必要な筋肉を鍛えておこう。

　現代テニスではストロークがパワフルになり、ベースライン付近からの強打によるポイントが多い傾向にあります。しかし、ネットにより近いポジションでプレーすることでポイントを取る確率が高まるのも事実です。そのためにもボレーを決めにいくことは大切です。

　ストロークと同様に、ボレーでも素早くボールに反応してボレーポジションに入ってから、しっかり打ち出し方向に踏み込んで打ちましょう。

　ネット近くで素早く反応するためには、ボールが打たれた瞬間に動き出す反応速度や、自分のイメージしたポジションに最短で移動する能力も必要です。

　正しいショットをマスターすると同時に素早くポジションに入るためのトレーニングもやっておきましょう。

トレーニングで得られる成果

❶ ミスショットが少なくなる
❷ 今まで間に合わなかったボールが拾えるようになる
❸ 相手に拾われた場合、次のボールに反応できるようになる
❹ テニスエルボーなど、ケガをしにくくなる

1 ボレーのポイント
打ち出し方向に踏み出しながら重心移動で打つ

ボレーと聞くと、初心者の人などは打ちたい方向に面を合わせてボールに当てるだけと考えていることが多いようですが、ボレーを打つときも打ち出し方向にしっかり踏み出し、体重移動とともに、ボールを押し出すことが大切です。

面を合わせてボールに当てるだけだと、インパクトで面がブレたり、インパクトの衝撃でひじや手首などを傷めたりすることもあります。

また、ハイボレーやローボレーなどは、狙うコースによっては体の使い方が少し異なることもあるので、正確に打ち分けられるようにしておきましょう。

手打ちになると面がブレたり、ケガの原因になるので注意しよう

2 ボレーのポイント
ボディーバランスを崩さずにパンチを効かせる

自分のイメージ通りのボレーショットを打つためには、素早くボレーポジションに入ることが大切です。

相手が打つコースを予測して、ボールを打たれた瞬間に反応し、できるだけ無駄な動きをせずに少ない歩数でボレーポジションに入るのが理想です。そこから、1歩前に踏み出しながら、ラケットを押し出すようにインパクトします。

このとき、足を前に大きく踏み込んで、打点をよりネットに近い位置にして、パンチするようにボールをとらえることでショットに勢いが出ます。しっかりと前にステップすれば下半身が安定して手打ちになりません。下半身から体幹にかけてのバランスがショットを安定させます。

PART5 ポイントにつながるパンチの効いた正確なボレーを身につけるトレーニング

フォアハンドボレー

● 前から見る

Forehand Volley

ボレーの基本は、素早く相手の打つコースを判断してボレーポジションに入ることです。スプリットステップの反動を利用した動き出しと同時にラケットを準備して、軸足に体重を乗せたところから、ラケットを大きく引き過ぎずに重心移動で押し出すイメージで前に踏み出します。

PART5 ポイントにつながるパンチの効いた正確なボレーを身につけるトレーニング

ハイボレー(フォアハンド)

ハーフボレー(フォアハンド)

Forehand Volley

ハイボレーでは、ラケットを準備したところから、踏み出しながら一度ラケットを後方に引いてからインパクトすることでボールをとらえやすくなります。大きく引き過ぎないように注意しましょう。

ハーフボレーの場合は、ボールの高さに合わせて低い姿勢を取ることが大切です。踏み込みながら普通にインパクトするとネットにかかりやすいため、腰で送り出すイメージを持つといいでしょう。

PART5 ポイントにつながるパンチの効いた正確なボレーを身につけるトレーニング

バックハンドボレー

● 前から見る

Backhand Volley

バックハンドボレーで打つときに、体の正面でラケットを立てて持っていると振り遅れてしまいます。待球姿勢で胸元の空間を保って、少しバックハンド寄りに構える癖をつけておくアイデアもあります。素早い移動から、軸足に体重を乗せて踏み込みながらインパクトするのはフォアハンドと同じです。

PART5 ポイントにつながるパンチの効いた正確なボレーを身につけるトレーニング

ハイボレー（バックハンド）

体の正面のボレー（ボディー）

Backhand Volley

バックハンドのハイボレーでは、フォアハンドのときに比べてテークバックが難しくなります。打ち出すときにスイングがブレないように、肩や背中の筋肉（三角筋、広背筋）を鍛えておきましょう。

体の正面に打ち込まれたショットに対してはバックハンドで対応します。上体をフォアサイドに逃がしながら、腕の振りで対応します。片手のバックハンドストロークのようにフリーな方の手を後方に引きながらラケットを振り下ろすことで、インパクトで体が開かなくなります。

PART5 ポイントにつながるパンチの効いた正確なボレーを身につけるトレーニング

基本動作の解析
Phase1 待球姿勢～スプリットステップ

ボレーポジションに素早く入るためには待球姿勢も重要です。バックハンドで振り遅れてしまう人は、最初からラケットをバックハンド寄りに構えておくのもいいでしょう。

そして、相手の打つタイミングに合わせて、その場で小さくジャンプ（スプリットステップ）します。この着地の反動を利用することで最初の1歩を早く踏み出すことができます。

● 待球姿勢（フォアハンドボレー／バックハンドボレー）

準備姿勢ではラケットを体の正面に持って垂直に立てるのではなく、少しバックハンド寄りに倒して構えることで振り遅れを防げる。すぐに動けるように、肩幅より少し広めのスタンスでひざを軽く曲げ、上体をリラックスさせる。相手のインパクトに合わせて軽くジャンプ（スプリットステップ）し、着地の反動を利用して移動する

どんなショットにでも対応しやすいところでラケットを構える

よく勘違いされているのがラケットを持つ位置です。体の正面に持ってバックハンドで振り遅れてしまうのであれば、少しバックハンド寄りに持つことをお勧めします。また、胸元に適度な空間を保って持つことで、どこに打たれてもラケットを出しやすくなります。

ラケットを体の正面で持ち垂直に立てる

ラケットと体が近過ぎる構え

ラケットを体から離し過ぎる構え

● 横から見ると

PART5 ポイントにつながるパンチの効いた正確なボレーを身につけるトレーニング

基本動作の解析
Phase2 ラケットバック〜インパクト

ボレーポジションに移動すると同時に、ラケットの準備をしておくことが大切です。ボレーポジションに入ったときには、軸足に体重が乗り、ラケットが準備できていなければなりません。

そこから踏み込みながらボールを押し出すようにインパクトします。通常はボールを打ち込みませんが、ハイボレーではラケットを少し引いて打つことでボールをとらえやすくなります。

● フォアハンドボレー

ラケットを引いて構えたところから打ち出し方向に踏み込みながらラケットを押し出す。ハイボレー（写真）の場合はラケットを一度引いてから押し出すようにインパクトすることでボールをとらえやすくなる

面に当てるだけでなく体でボールを送り出す

ボレーでは、ラケットを引くのではなく、コンパクトな体のターンでラケットをセットして踏み込みながらインパクトするのが基本です。手だけで当てにいったり、手首だけでたたくと、打球が安定しないだけでなく、ケガをするリスクも高まります。軸足に体重を乗せたところから、踏み出しながら体でボールをとらえる感覚を磨きましょう。

打ち出し方向に踏み込まずに打つ

重心移動を使わずに手だけでボールをたたくように打つ

● バックハンドボレー

ラケットを大きく引き過ぎずに、コンパクトな体のターンで準備のポジションに入る。そこから手首でラケットを振るのでなく、打ち出し方向に踏み込みながらラケットを押し出すようにインパクトする

PART5　ポイントにつながるパンチの効いた正確なボレーを身につけるトレーニング

①リストリバースカール
Wrist Reverse Curl

左右それぞれ
ゆっくり行なう
10回
※ 2〜4セット行なう

テニスエルボー予防のトレーニング

インパクトの衝撃を最も受けやすいひじの外側（外顆）につながる筋肉を鍛えておきましょう。左右の筋力バランスが崩れないように両腕でやっておきましょう。

1 イスに座り、手のひらを下に向けて手首を反らせてチューブの一端を持ち、もう一端を足で踏む。手が動かないようにもう一方の手で手首を支えて前腕を水平に保つ

2 腕を動かさずに手首をゆっくり反らし、ゆっくり元の位置に戻す

② リストカール
Wrist Curl

左右それぞれ
ゆっくり行なう
10回
※ 2〜4セット行なう

上肢
体幹
下肢
複合
バランス

様々な打球に対応するために手首の柔軟性を高める

ネット近くでハイボレーやローボレー、ボディーなどの様々なショットに対応するために、手首の可動域を広げ、素早くラケットを準備するための筋力をつけておきましょう。

1 イスに座り、手のひらを上に向けて手首を反らしてチューブの一端を持ち、もう一端を足で踏む。手が動かないようにもう一方の手で手首を支えて前腕を水平に保つ

2 腕を動かさずに手首をゆっくり曲げ、ゆっくり元の位置に戻す

PART5 ポイントにつながるパンチの効いた正確なボレーを身につけるトレーニング

③ フロントランジ＆アームローテーション
Front Lunge & Arm Rotation

上肢
体幹
下肢
複合
バランス

左右それぞれ
ゆっくり行なう
6回
※ 4〜6セット行なう

1 足を前後に開いて腰を落とし、手のひらを前に向けて上体を前に倒す

2 両手のひらで前方の水をすくうイメージで上体を倒しながら重心を前方に移動する

3 視線を上げながら、腕をぎりぎりまで前方に伸ばしていく

4 視線は相手コートを見るイメージで腕を前に伸ばしながら徐々に姿勢を高くしていく

より早くボレーポジションに入るためのトレーニング

より確実なボレーショットを打つためには、素早くボレーポジションに入ることが大切です。素早い反応に必要とされる股関節と肩甲骨の動きをスムーズにするためのトレーニングです。

7 体の後方に腕を回しながら元の姿勢に戻す。規定の回数を行なったところで、前後の足を入れ替え、逆側でも同じことを行なう

6 前の足のかかとを浮かせずにできるだけ高いところまで手のひらを上げる

5 手のひらで円を描くように腕を上げながら姿勢を高くする

PART5 ポイントにつながるパンチの効いた正確なボレーを身につけるトレーニング

④ リバースプッシュアップ
Reverse Push Up

上肢
体幹
下肢
複合
バランス

肩甲骨を意識して
ゆっくり行なう

6回

※ 3〜5セット行なう

肩甲骨の動きをよくするためのトレーニング

肩甲骨がスムーズに動くことで素早いラケットコントロールが可能になります。肩甲骨の可動域を広げると同時に、肩甲骨まわりの筋肉を強化しておきましょう。

1
イスに浅く座り、脚を前方に伸ばしたところから、両手で体重を支えながら、お尻を前に滑らせて座面より前で浮かせる

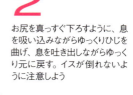

2
お尻を真っすぐ下ろすように、息を吸い込みながらゆっくりひじを曲げ、息を吐き出しながらゆっくり元に戻す。イスが倒れないように注意しよう

⑤ クロスランジステップ
Cross Lunge Step

左右交互に
素早く行なう

8回

※ 3〜5セット行なう

上肢
体幹
下肢
複合
バランス

左右に素早く足を踏み出すためのトレーニング

相手のショットに素早く反応し、下半身の踏み込み動作に合わせたインパクトを行なうためのトレーニングです。足を踏み出すランジ動作と同時に、利き手を前に動かしましょう。

1 視線を前方に向け、肩幅より広めのスタンスで真っすぐに立つ

2 視線を前にキープしたまま、左足を右斜め45度前方に大きく踏み出し、足首の内側に右手でタッチしてから元の姿勢に戻る。左利きの場合は左手でくるぶしにタッチする

3 右足を左斜め45度前方に大きく踏み出し、くるぶしに右手でタッチしてから元の姿勢に戻る。左利きの場合は左手で足首の内側にタッチする。左右で1回とカウントする

PART5　ポイントにつながるパンチの効いた正確なボレーを身につけるトレーニング

⑥ オープンランジ
Open Lunge

上肢
体幹
下肢
複合
バランス

左右交互に
素早く行なう
※ 3〜5セット行なう

8回

前に踏み出しながら素早くラケットバックする

軸足の移動と同時にラケットの準備を素早くできるようにするためのトレーニングです。インパクト前の準備動作を素早くできるようにしておきましょう。

1 肩幅より広めのスタンスで真っすぐに立つ

2 右足を右斜め45度前方に大きく踏み出し、くるぶしに右手でタッチしてから元の姿勢に戻る。左利きの場合は左手で足首の内側にタッチする

3 左足を左斜め45度前方に大きく踏み出し、足首の内側に右手でタッチしてから元の姿勢に戻る。左利きの場合は左手でくるぶしにタッチする。左右で1回とカウントする

⑦ スプリットステップ&バランス
Split Step & Balance

`正しい姿勢で`
`素早く行なう`

8回

※ 3〜5セット行なう

上肢 / 体幹 / 下肢 / 複合 / バランス

下半身の安定とバランスを身につけるトレーニング

ボレーポジションに素早く移動したときに体のバランスを崩さずに、安定した姿勢でしっかり止まれるようになるためのトレーニングです。安定した下半身が確実なボレーを生み出します。

1 肩幅より広めのスタンスで立ち、その場でスプリットステップをする

2 スプリットステップの着地と同時に前方にできるだけ大きくジャンプする

3 腰を落としたフォアハンドボレーの姿勢で着地し、元の姿勢に戻る

PART5 ポイントにつながるパンチの効いた正確なボレーを身につけるトレーニング

⑧ クイックステップ&ローボレーポーズ
Quick Step & Low Volley Pause

`フォア/バックそれぞれ` `素早く行なう` **8回**

※ 3～5セット行なう

●フォアサイド

1 肩幅より広めのスタンスで立ち、その場でスプリットステップをする

2 スプリットステップの着地と同時に右斜め前方45度にできるだけ大きくジャンプする

3 腰を落としたフォアハンドのローボレーの姿勢で着地し、素早く元の姿勢に戻る。左利きの場合はバックハンドのローボレーの姿勢で着地する

素早く移動してローボールにも対応できるようになる

スプリットステップの着地の反動を使って、素早い移動から、きつい体勢でのローボレーにも対応できるようにしておきましょう。大きく踏み出したところから素早く元の姿勢に戻ることも大切です。

● バックサイド

1 肩幅より広めのスタンスで立ち、その場でスプリットステップをする

2 スプリットステップの着地と同時に左斜め前方45度にできるだけ大きくジャンプする

3 腰を落としたバックハンドのローボレーの姿勢で着地し、素早く元の姿勢に戻る。左利きの場合はフォアハンドのローボレーの姿勢で着地する

PART5 ポイントにつながるパンチの効いた正確なボレーを身につけるトレーニング
メニュー例 ❶

どんな打球にも素早く反応するためのトレーニング

ボレーポジションはネットに近く相手選手との距離が短いので、
ストロークのときよりも、さらに素早く相手の打球に反応する必要があります。
ボールに対する反応速度をさらに速めるために、
1歩目の速さと無駄のない体の使い方を身につけましょう。

⑦ スプリットステップ＆バランス
8回 × **3~5**セット
P.147参照

⑧ クイックステップ＆ローボレーポーズ
8回 × **3~5**セット
P.148参照

メニュー例 ❷

ローボレーでの低い姿勢を素早くつくるためのトレーニング

ボレーでは体をボールの高さに合わせることが大切です。
とくに低いボールを打つときには、ひざをしっかり曲げた低い姿勢を取る必要があります。
ローボレーでも、バランスを保った低い姿勢を瞬時に取って、
インパクトで体重を乗せ、パンチの効いたショットを打てるようにしておきましょう。

③ フロントランジ＆アームローテーション
6回 × 4~6セット
P.142参照

⑤ クロスランジステップ
8回 × 3~5セット
P.145参照

⑥ オープンランジ
8回 × 3~5セット
P.146参照

⑧ クイックステップ＆ローボレーポーズ
8回 × 3~5セット
P.148参照

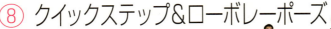

PART5 ポイントにつながるパンチの効いた正確なボレーを身につけるトレーニング
メニュー例 ③

全身を使ったボレーが打てるようになる**トレーニング**

ボレーを打つときに、腕を後方に引く大きなテークバックを取ってしまうと振り遅れてインパクトで面がブレてしまいます。さらに、「手首をこねる」いわゆる手打ちショットにもなりやすくなります。コンパクトにラケットをセットしたところから、足で前方に押し出すための体の使い方を練習しておきましょう。

① リストリバースカール
10回 × 2~4セット
P.140参照

② リストカール
10回 × 2~4セット
P.141参照

⑦ スプリットステップ&バランス
8回 × 3~5セット
P.147参照

⑧ クイックステップ&ローボレーポーズ
8回 × 3~5セット
P.148参照

PART 6

どんなボールにも対応できる
フットワークを身につけるトレーニング

PART6 どんなボールにも対応できるフットワークを身につけるトレーニング

ボールを打つ場所まで素早く 最短距離で移動して準備する

テニスでは、前後左右だけでなく、ときには上下にも動いてボールを打つ必要がある。相手がボールを打った瞬間に反応し、素早くスイングの準備ができるようにしておこう。

テニスのストロークでは、足を動かさないとボールを打てません。打球を予測して、前後左右に素早く移動した後に、どうやって足をセットするかが非常に大切です。

反応速度や走るスピードはもちろん、止まり方も大切です。打点に入るときは、軸足にしっかり体重を乗せて止まったところから、スイング方向に切り返し、踏み込みながらスイングします。

切り返しのときに体が流れないようにするためには、体幹の安定と、ボールを打つ場所に1〜2歩で動いて止まれる下半身の筋力が必要になります。

日ごろのトレーニングを通じて、力強く安定したショットを生み出すフットワークに必要な、下半身や体幹の筋力やバランス能力を高めておくことがパフォーマンスの向上につながります。

トレーニングで得られる成果

① ボールを打つ場所に素早く動けるようになる
② 力強く安定したボールが打てるようになる
③ 今まで体勢が崩れていたコースでも強く打ち返せるようになる
④ 足首やひざのケガをしにくくなる

フットワークのポイント 1
大きなクロスステップで少ない歩数で移動する

一昔前のテニスでは、細かいステップで打点に入るのが主流でしたが、今は大きなステップで少ない歩数で打点に入るのが理想のフットワークとされています。そのため、トッププロなどを見ても、以前より大きなステップのトレーニングを多くやるようになりました。

自分の思ったところまで数歩で移動して、ピタッと打点に入るためには、始動するときや止まるときの筋力と同時に、バランスを崩さないための体幹の強さも必要とされます。

フットワークのポイント 2
滑りながらバランスよく止まり踏み込んで打つ

現代のテニスでは、ハードコートでもクレーコートのように滑って打点に入って打つこともあります。その場合は、いかにバランスを崩さずにきれいに滑れるかがフットワークの一つの課題とも言えます。以前のように、ハードコートなどでキュッと止まってしまうと、足首、ひざ、股関節などにかかる負荷が大きくなるため、ケガをしやすく注意が必要です。

この止まり方によって、シューズの壊れる部分も以前とは変わりました。自分で分からない人は、シューズのすり減り具合を見て、どのように止まっているかを確認するのもいいでしょう。

脚を開いた状態から、足関節を柔らかく使ってスイングができるようになりましょう。

右に移動してフォアハンドでストレートに打つ

右に移動してフォアハンドでクロスに打つ

Forehand Stroke

フォアサイドに走り込んでからのフォアハンドストロークでは、移動方向に体が流れやすくなります。スプリットステップからボールに素早く反応して、軸足に体重を乗せてストップしたところから、前に踏み込んでしっかり体重移動をして打つことが大切です。

PART6 どんなボールにも対応できるフットワークを身につけるトレーニング

左に回り込んでフォアハンドでストレートに打つ

左に回り込んでフォアハンドでワイド(逆クロス)に打つ

Forehand Stroke

バックサイドに回り込んでから打つフォアハンドストロークでは、少ないステップで正確にボールを打つ場所に移動することが大切です。移動場所が悪いと打てるコースが限定されてしまいます。反応速度を高め、正確に移動できるようにフットワークを磨いておきましょう。

左に移動してバックハンドでストレートに打つ

左に移動してバックハンドでクロスに打つ

Backhand Stroke

バックサイドに移動してからのバックハンドストロークでも、素早い反応から正確に軸足をセットすることが大切です。

軸足にしっかり体重を乗せることでショットが安定し、どの方向にも踏み込みやすくなるため、コースの打ち分けができるようになります。

PART6 どんなボールにも対応できるフットワークを身につけるトレーニング

基本動作の解析
スプリットステップからのフットワーク

ボールの来る方向を予測して、移動を開始すると同時にターンをして準備をします。インパクトに向けて足を踏み出すときに体幹にタメができているのが理想です。腕や手首だけでラケットを引いてしまうと、体幹を使ったスイングができなくなってしまうので注意しましょう。

● **スプリットステップからのフットワーク**

ラケットの準備が早くできていることで、踏み出すときに体幹にタメができて、重心移動に合わせた体幹からのスイング動作ができる

スイング前の素早い準備が
ナイスショットを生み出す

　プロ選手がしっかりとボールが来る位置にステップして、振り遅れることなくボールを打ち返すことができるのは、いち早い準備が行なわれているからです。相手が打つ瞬間、例えば相手の打球音がした瞬間にはフォアサイドまたはバックサイドへの体のターンが行なわれ、同時にボール方向への踏み出しのステップが開始されます。日ごろから相手が打つ瞬間に反応できるように心がけましょう。

移動してからラケットを準備すると振り遅れや手打ちになりやすい

PART6 どんなボールにも対応できるフットワークを身につけるトレーニング

① クロスオーバーステップ（3ステップ）
Cross Over Step - 3 Steps

上肢
体幹
下肢
複合
バランス

フォア／バックそれぞれ
素早く行なう

8回

※ 3〜5セット行なう

● **フォアサイド**

1 待球姿勢をつくり、その場でスプリットステップを行ない、着地から素早くクロスステップで移動する

NG ステップが小さかったり、上体が流れたり、足だけで上体の動きがないと効果的なトレーニングにならない

2 2歩目もクロスステップで大きく踏み出し、軸足を決める

3 スイングを開始するイメージで前方に1歩踏み込む

素早く正確なステップで移動できるようになる

左右に移動して打つときに、細かいステップで調整するのではなく、3歩で確実にボールを打つポジションに動けるようになるためのトレーニングです。歩幅の大きなクロスステップの距離感に慣れ、できるだけ少ない歩数で思ったポジションに動けるようになりましょう。

●バックサイド

1 待球姿勢をつくり、その場でスプリットステップを行ない、着地から素早くクロスステップで移動する

2 2歩目もクロスステップで大きく踏み出し、軸足を決める

3 スイングを開始するイメージで前方に1歩踏み込む

PART6 どんなボールにも対応できるフットワークを身につけるトレーニング

② クロスオーバーステップ
Cross Over Step

フォア/バックそれぞれ
素早く行なう
8回
※ 3〜5セット行なう

上肢
体幹
下肢
複合
バランス

●フォアサイド

4 重心移動しながらスイングして軸足を前に出す

3 スイング方向の前方に1歩踏み込む

●バックサイド

1 待球姿勢をつくり、その場でスプリットステップを行ない、着地から素早くクロスステップで移動する

2 2歩目もクロスステップで大きく踏み出し、軸足を決める

素早く移動してしっかり踏み込んでスイングする

歩幅の大きなクロスステップで横に大きく移動した後に、打球方向にしっかり踏み込めるようになるためのトレーニングです。移動方向に体が流れずに、スイング方向に真っすぐ踏み込めるようにしておきましょう。

1 待球姿勢をつくり、その場でスプリットステップを行ない、着地から素早くクロスステップで移動する

2 2歩目もクロスステップで大きく踏み出し、軸足を決める

3 スイング方向の前方に1歩踏み込む

4 重心移動しながらスイングして軸足を前に出す

PART6 どんなボールにも対応できるフットワークを身につけるトレーニング

③ クロスオーバーステップ（ラケットあり）
Cross Over Step with Racket

上肢
体幹
下肢
複合
バランス

左右それぞれ
ゆっくり行なう
10回
※ 3〜5セット行なう

●フォアサイド

5 重心移動しながらスイングして軸足を前に出す

4 インパクトの姿勢を意識しながらゆっくりスイングする

3 スイング方向の前方に1歩踏み込む

●バックサイド

1 待球姿勢をつくり、その場でスプリットステップを行ない、着地から素早くクロスステップで移動する

2 2歩目もクロスステップで大きく踏み出し、軸足を決める

正しい体の使い方を覚えインパクトを力強くする

左右に移動した後、スイング方向への踏み込み動作の重心移動に合わせたスイングをできるようにするためのトレーニングです。体幹を使ったスイングを意識することが大切です。

1 待球姿勢をつくり、その場でスプリットステップを行ない、着地から素早くクロスステップで移動する

2 2歩目もクロスステップで大きく踏み出し、軸足を決める

3 スイング方向の前方に1歩踏み込む

4 インパクト姿勢を意識しながらゆっくりスイング

5 重心移動しながらスイングして軸足を前に出す

PART6 どんなボールにも対応できるフットワークを身につけるトレーニング

④ 軸足ステップ（ボールスロー）
Open Step with Ball Throw

上肢
体幹
下肢
複合
バランス

`左右それぞれ` `素早く行なう` **10**回

※ 3～5セット行なう
※ 直径30cm程度のビニールボールを使用

● フォアサイド

NG
軸足にしっかり乗れていなかったり（写真左）、手投げになってしまう（写真右）と、ボールがコントロールできない

1 待球姿勢から軸足を素早く横に1歩踏み出して、パートナーが投げたボールをキャッチする

2 軸足に体重を乗せてボールをキャッチすると同時にボールを後方に引き、スイングの準備をする

3 前方に踏み込みながら、体幹を使ってボールを投げる

手打ちにならない体幹の力を使ったストロークを身につける

軽いボールを投げることで、ラケットの重みなどの反動が使えなくなり、体幹をしっかり使わないとボールをコントロールできなくなります。腕の力ではなく、全身の動きでボールをコントロールできるようになりましょう。

高いボール

高いボールのときは、ボールの軌道に合わせて、高い位置でボールを後方に引き、その高さから体幹でボールを投げる

低いボール

低いボールの場合は、ひざを曲げて腰を落とした低い姿勢でボールをキャッチ。体を沈み込ませた姿勢から、前に踏み込んで体で押し出すイメージでボールを投げる

PART6 どんなボールにも対応できるフットワークを身につけるトレーニング

●バックサイド

1 待球姿勢から軸足を素早く横に1歩踏み出して、パートナーが投げたボールをキャッチする

2 軸足に体重を乗せてボールをキャッチすると同時にボールを後方に引く

3 前方に踏み込みながら体重移動をする。体幹にタメをつくる

高いボール

高いボールのときは、ボールの軌道に合わせて、高い位置でボールを後方に引き、その高さから体幹でボールを投げる

パートナーにランダムなボールを投げてもらう

パートナーには、フォアサイドやバックサイド、高いボールや低いボールなど、ランダムなコースにボールを投げてもらいましょう。トレーニングをする人は、パートナーの胸元に正確にボールを返しましょう。

4 体幹を使ってボールを投げる

低いボール

低いボールの場合は、ひざを曲げて腰を落とした低い姿勢でボールをキャッチ。体を沈み込ませた姿勢から、前に踏み込んで体で押し出すイメージでボールを投げる

著者
井上正之 (いのうえ まさゆき)

1966年11月23日生まれ、東京都出身。テニスプロコーチ&トレーナー。井上整骨院・鍼灸院院長。日大三高、日大を経て、1987年渡米し、ハリーホップマンテニスに留学。その後、アラバマ大に入学し、スポーツ医療、トレーニングを専攻。在米中に、数々のテニスアカデミーで修業を続け、1989年USPTR（米国プロフェッショナル・テニス・レジストリー）認定の資格を取得。帰国後、テニスコーチとして数多くの日本タイトル獲得選手を輩出する傍ら、整骨院や整形外科などで勤務、2001年開業。現在、ナショナルジュニア遠征帯同のサポート、グランドスラムをはじめ世界の大会に遠征しトレーニング指導・身体の治療・ケアを担当すると同時に、整骨院でも数多くのトッププロやトップジュニアのコンディショニング指導を行なっている。

Models

野田哲平 (のだ てっぺい)
1994年8月24日長崎県出身。
長崎県立長崎西高→慶應義塾大

横田大輔 (よこた だいすけ)
1994年6月7日埼玉県出身。
慶應義塾高→慶應義塾大

Staff
装　丁／伊勢太郎（アイセックデザイン）
執筆協力／村上宏貴　　撮影／河野大輔
本文デザイン／匠工房　編集／Les Ateliers
撮影協力／大正セントラルテニスクラブ新宿　井上整骨院

おわりに

　本書では、テニスのレベルにとらわれることなく、多くの方々が日常的に実施できるトレーニングを紹介しました。トレーニングは、いつでも、どこでも、特別な用具がなくても、シンプルに1人で行なうことができる内容にすることで、継続が容易になります。

　本書で紹介しているトレーニングは、体のバランスを意識することで、筋肉が偏った動き方をしたり、筋肉や関節に過剰な負担がかかったりすることをなくすのを目的としています。トレーニングの中で、自分がどの筋肉を動かしているかをつねに意識すれば、よりプレーに直結したトレーニングになります。

　トレーニングを通じて、自分の体を思い通りに動かすための筋力や柔軟性を高めることで、イメージ通りに体で表現できるようになります。

　さらに、体に対する意識が変わることで、プレーの中でも、無駄のないショットやフットワークが習得できるようになります。

　本書で紹介したトレーニングは、回数やセット数を調整することで、トッププロ選手やジュニア選手、そしてテニス愛好家の皆さまが、ご自身の体力に合わせて無理なく続けることができます。トレーニングを習慣づけることで、ケガのない動ける体を手に入れてください。

　少ないエネルギーで最大限のパワーを発揮できるようになるために、また美しいフォームや動き方を身につけるためにトレーニングを取り入れ、今よりワンランク上のプレーをマスターしてください。

井上正之

新版
個人技が飛躍的にUP！する
テニス体幹トレーニング

2019年6月30日　初版第1刷発行

著　者　井上正之
発行者　滝口直樹
発行所　株式会社マイナビ出版
　　　　〒101-0003　東京都千代田区一ツ橋 2-6-3 一ツ橋ビル2F
　　　　電　話　0480-38-6872（注文専用ダイヤル）
　　　　　　　　03-3556-2731（販売部）
　　　　　　　　03-3556-2735（編集部）
　　　URL　http://book.mynavi.jp

印刷・製本　シナノ印刷株式会社

※定価はカバーに記載してあります。
※落丁本・乱丁本についてのお問い合わせは、TEL0480-38-6872（注文専用ダイヤル）か、電子メールsas@mynavi.jpまでお願いいたします。
※本書について質問等がございましたら、往復はがきまたは返信切手、返信用封筒を同封のうえ、（株）マイナビ出版編集第2部までお送りください。
※本書を無断で複写・複製（コピー）することは著作権法上の例外を除いて禁じられています。

ISBN978-4-8399-7042-0
©2019 Masayuki Inoue
©2019 Mynavi Publishing Corporation
Printed in Japan